Principles of Social
Reconstruction

社会
改造原理

[英] 伯特兰·罗素◎著

张师竹◎译

Bertrand Russell

上海人民出版社

罗素和他的《社会改造原理》

　　伯特兰·罗素（Bertrand Russell）是 20 世纪著名的英国哲学家。他不仅把哲学问题的研究与对自然科学和社会科学的兴趣结合起来，而且还积极参加政治活动，以巨大的热情关注人类命运和社会问题。罗素晚年享有世界范围的名望，这主要是由于他的政治活动和他作为一个道德的和社会的宣传家而取得的，他在学术上的地位应该说是由于他的哲学著作而赢得的。

　　罗素生于 1872 年 5 月 18 日，他的祖父约翰·罗素是著名的自由党政治家，曾两度担任首相。伯特兰·罗素 3 岁时父母就相继去世，被寄养在祖父母家，由此继承了祖母的道德热情。他从小就对科学研究发生兴趣，11 岁时掌握了欧几里得几何学。18 岁时进入剑桥大学，考取了怀特海主持的研究班，并结交了哲学家麦克泰戈、穆勒等。在大学读书期间，他获得了数学荣誉考试第七名和伦理科学荣誉学位考试第一名。

1896 年，罗素出版了他的 71 本著作和小册子中的第一本——《德国的社会民主》。四年后，又出版了《莱布尼茨哲学的批判说明》。这一年，罗素对数理哲学的研究发生了决定性的转变，当时他认识了提出数理逻辑系统的意大利逻辑学家皮亚诺。在掌握和扩充皮亚诺的方法的基础上，罗素写了《数学基础》（1903 年）一书。为表达新的逻辑系统，他又与怀特海合写了名著《数学原理》（三卷本，1910—1913 年）。罗素从事数理逻辑和数学基础的研究创立了逻辑原子主义，成为逻辑实证主义的先声。在数学上，以他命名的"罗素悖论"，曾对 20 世纪的数学基础发生过重大影响，导致了第三次数学革命。他是最早推行数理逻辑的哲学家。

罗素在写作《数学原理》的同时，并没有减少他对政治的兴趣。在费边社的影响下，他成为一个帝国主义者，但不久他改变了自己的看法，成了一个和平主义者，并为自由贸易而斗争。继而他又发动了争取妇女选举权的斗争。第一次世界大战爆发后，英国参战受到国内人士的热情支持，这使罗素非常愤怒，就专心于撰写反战文章。不久，他写作了《社会改造原理》和《自由之路》。由于罗素反对本国政府，为此他被送进监狱。在狱中，他开始着手写《数理哲学导论》和《心的分析》，后一部著作把他的经验主义发展到了登峰造极的地步。

出狱后不久，罗素应邀到中国讲学一年。回国后，他撰写了大量哲学著作：《论教育：特别是幼儿教育》（1926年）、《物的分析》（1927年）、《哲学大纲》（1927年）、《我为什么不是基督教徒》（1927年）、《怀疑论文集》（1928年）、《论婚姻与道德》（1929年）、《赢得幸福》（1930年）。这些书在当时具有很大的冲击力，使社会风气发生了变化。这些著作虽然缺乏罗素较富有学术气味的著作所具有的那种深刻性，但表达了罗素的价值观、人生观、道德观和人道主义，鼓吹某种程度的性的自由。

由于生活所迫，罗素更加依赖以写作为生。他于1934年出版了《1814—1914年的自由与组织》，1935年出版了《论宗教与科学》，1936年出版了《什么道路走向和平？》。在1938年出版了《论权力》以后，他的注意力又转到哲学方面，出版了《意义和真理的探讨》《西方哲学史》《人的知识：它的范围和限制》《我的哲学的发展》等哲学名著。两次大战结束后，为了防止第三次世界大战的可能爆发，罗素撰写了《常识与核战争》《人类有前途吗？》等书，表达了他对人类命运的关注。

罗素于1970年2月2日去世，终年98岁。

《社会改造原理》是罗素为反对第一次世界大战、宣传和平而撰写的。他日益看出这场战争不涉及原则问题，最好的建议是能得到自由的制度，建立民主管理。为此他企图创立一种政治哲学，以提供一个比较好的社会秩序的模型。在此书中，罗素论述了"冲动比有意识的目标在形成人的生活方面有更大的影响"的原理，强调国家、战争、宗教和婚姻应该体现创造性的解放，并认为创造性的解放应成为政治和经济改革的原则。他就是运用这一原则勾画了一个理想的制度，即能够产生最大可能的创造性和最少的适合于保全自己的占有性的那种制度。以此为蓝本，罗素又想象了一个世界国家。在这个世界国家中，通过经济结构方面和人生哲学方面的改革来解决许多社会问题，反对用武力解决争端。为此，这个世界国家应具有相当程度的自治权，权力下放到各个独立的组织，以避免权力过分集中于中央政府。国家的责任是在保健、教育和科学研究上，目的是"给每个人以政治活动的范围，小到足以使他发挥他的兴趣与才能，并尽可能把国家的职能限制于在对立的利益集团之间维持和平"。罗素想以世界国家的模式来防止战争，为保障世界和平作出贡献。

应当指出，罗素的观点从本质上来说仍然是历史唯心主义的。但是，他在争取人类和平方面所表现出的巨大热忱，他的观察解决社会问题的独到方法以及他对社会问题某些环节的深刻剖析，即使在今天，对我们也很有参考价值。

　　本书中译本曾于 1959 年由我社出版。这次根据 1997 年的英文版本做了一些校正。

编者

目录

序

下面这些演讲稿，是在 1915 年写成而在 1916 年开头的时候用来演讲的。我曾希望把它们大部分加以重写，以减少它们对于主题不适当的地方；但是，其他似乎更迫切的工作插了进来，因此从容修订的机会，看起来显得很遥远了。

我的目的是要提出一种政治哲学，它的基础在于一种信仰，即冲动比有意识的目标在形成人的生活方面有更大的影响。大多数的冲动可以分成两类，占有的和创造的，这是根据它们的目的来分的，看它们的目的是在于获得或保持一些不能分的东西，还是在于为世界带来一些有价值的东西，像知识或艺术或善意，在这些东西里面是没有私有财产的。我认为最好的生活大多数是建筑在创造的冲动上面，而最坏的生活大多数是由爱好占有所激发出来的。政治制度对于男女们的性情，有很大的影响，它们应该牺牲占有性来促进创造性。国家、战争和财产是占有冲动在政治上的主要的体现；教育、婚姻和宗教应该体现创造的冲动，虽然它们在目前还做得很不够。创造性的解放应该成为政治和经济两方面改革的原则。就是这个信念引导我写成这些讲稿的。

1916 年 9 月

第一章
生长的原理

　　对于一切能接受新印象和新思想的人们，战争已使他们原有的信仰和希望起了某些变化。至于各个事例中究竟起了什么样的变化，那要看什么样的人和什么样的情况来决定。但不管形式如何，变化是普遍发生的。在我看来，通过战争，我们所能学到的，主要是对于人的行动的动机有了一定的看法。就是说这些动机是什么，根据我们合理的希望，它们将会变成什么。这种观点，如果是正确的话，在这个危急的时机之中，作为一种政治哲学的基础来看，似乎比较传统的自由主义，更能站立得稳。下面各个讲题中，虽然只有一个讲题讨论到战争，但是全部都是由上面所说的关于人的行动的动机的观点启发出来的，而这个观点又是从战争中得来的。我所以要作这些讲述，就是希望在欧洲能建立一些政治制度，使人们能厌恶战争。要实现这个希望，虽然在经济和社会生活方面，非有巨大而根本的改造不可，但我深信这是可以实现的。

一个人如果没有视战争为必要的信念和热情，他对于一般人的活动，自然不免形成隔离，而且有一种几乎不能忍受的孤独的感觉。当全世界遭难，使怜悯心达到最高度的时候，这种怜悯心就能使人跟自行毁灭的冲动脱离，虽然这种冲动盛行于欧洲。怀着救人类于自趋灭亡，那种毫无结果的愿望的人势必使他与潮流相对立，因而遭受敌视，被人认为没有感觉，并一时无法取得他人的信任。这样的人要不被人敌视，虽不可能，但自己尽力抱着想象中的谅解和由此而产生的同情的心理，不跟他人相互为敌，那是可以做到的。如果没有谅解和同情，那么必定不能医治使世界受苦的病根。

对于战争有两种看法，我以为没有一种是恰当的。在我国有一种通常的看法，就是认为战争是由于德国人的凶恶；而大多数爱好和平的人认为，战争起因于外交上的纠纷和各国政府的野心。我想这两种观点都没有认识到战争是怎样产生于人类本性的。德国人和各国政府的成员都完全是普通人，被那种驱使着别人的一样的感情所驱使。他们同其他世人比较起来，除所处的地位不同以外，并没有两样。非德国人和非外交界的人们，也轻易地接受战争，对于不正确和不充足的理由也表示同意。如果深恶战争的思想早就传播于其他国家或其他阶级的人民中间，那么上面所述的情况就不会如此了。相信不真实的事情，而不相信真实的事情，这就表明人们的冲动——不一定表明每一事件中个人的冲动（因为信仰是可以传染的），但是可以表明社会上一般的冲动。有许多事情，并没有足以使人相信的很好的理由，但是我们大家都信以为真，这是因为在下意识里，我们的本性渴望着某种行动，而这些行动就产生于这些信仰，使本来不合理的事情看成为合理。没有根据的信仰，就是冲动对于理性所表示的敬意。这里的人和德国人正由于这些相反而实相类似的信仰，大家都认为有从事战争的义务。

对于一个接受这种观点的人，其第一个自然发生的思想是：倘使人能更多地为理性所控制，那多么好。对于那些看到战争定会使参战者受害无穷的人来说，战争好像纯粹是一种狂病，一种集体的疯狂，犯了这种病，把和平时候所知道的事情，全给忘了。如果能把冲动加以更多的节制，如果思想能够少受些热情的控制，那么人的头脑就可以抵御战争热狂的侵袭，而有纠纷，也可以用和平协商的方法来处理。这是正确的，但仅仅如此，还嫌不够。凡愿望作正确思考的人，一定要把他们这种愿望化为热情，才能用这种热情来控制战争的热情，因为只有热情能控制热情，也只有一个相反的冲动或愿望才能遏制另一个冲动。正如传统的道德家所说的那样，要建设一种美好的生活，理性是太消极，太缺乏生命力了。要防止战争，不能单靠理性的力量，一定要有一种积极的、富有冲动和热情的生活，才能克服导致战争的冲动和热情。需要加以改变的正是冲动的生活，不仅是思想清醒的生活。

人类一切的活动都发生于两个来源：冲动与愿望。愿望所起的作用常是可以充分地认识的。当人们觉得自己有不很满意的地方，而又不能立即获得满意的时候，想象就会在他们意识中产生一种思想，即想起一些他们认为能使自己获得幸福的事情。一切愿望都包含着从感觉需要到需要获得满足之间的一段时间。由愿望所鼓舞起的行动，就行动的本身来说，可能是痛苦的，达到愿望所需的时间或许是很长的，而且所要求达到的目标，可能跟我们的生活无关，甚至是涉及我们身后之事的。意志，作为一种主导力量，主要在于顺着愿望，追求较远的目标，即使涉及的行动要引起痛苦，并且要受到不合适的但较近的愿望与冲动的诱惑。这一切是大家所熟悉的，而政治哲学，到现在为止，几乎完全根据愿望作为人类行为的源泉。

但愿望只能控制人类活动的一部分，而且这一部分并不是最重要的部分，只是比较自觉、明显和文明的部分而已。

在我们的本性中，比较偏于本能的部分，都受制于追求某些活动的冲动，而不是受制于追求某些目标的愿望，试看儿童的奔跑和叫嚷，并不因为他们认为这样做了有什么好处，只是由于一种要跑要叫的直接冲动。又像狗对着月亮吠叫，也不是因为它们想到这样做了有什么好处，只因为感觉到一种要吠叫的冲动罢了。所以促使人做出吃、喝、恋爱、争吵和说大话等等的行为的，不是目的，而是冲动。凡是相信人是理性的动物的人们，一定会说，人之所以要说大话就是要想人家器重他。但是我们大都能想起：有时候我们明知说了大话会被别人看不起，但还是要说大话。所以出于本能的行为通常会达到适合于人性的结果，而并不是由于要达到这种结果，才去做的。那些行为都是从直接的冲动出发，而冲动往往是强有力的，即使在不能产生正常的、合意的结果时，也是如此。成年人喜欢想象自己比起儿童和狗更有理性，因此不自觉地把冲动在他们生活中所起的重大作用隐瞒着。这种不自觉的隐瞒，往往是产生于某种一般性的计划。当一种冲动不能在发生的时候得到满足，就会产生一种愿望，希望获得满足这种冲动时的预期后果。如果这些后果中间，有一部分为理所当然要产生的，而且是显然令人不愉快的，那么预见与冲动之间就要发生一种矛盾。假如冲动软弱，预见就可能胜利，这就是所谓按照理性行事。假如冲动坚强，那么或是预见被歪曲，把不愉快的后果忘掉，或是有些英雄式的人物，就会不顾一切地接受这些后果。当麦克白明知他注定要战败时，他毫不退缩，并且喊道：

> 来，麦克德夫，
> 谁先喊"住手，够了"的，让他永远在地狱沉沦。①

　　但是具有这种强烈和大胆的冲动是不多的。大多数人，他们的冲动如果强，由于下意识的选择作用，他们常常会说服自己：放纵冲动，就会得到好

---

① 　此处依从朱生豪的译文。——译者注

的后果。一切哲学，一切伦理评价的体系都是这样产生的：它们都体现一种屈从于冲动的思想，其目的在于使冲动的放纵有一个似乎合理的根据。唯一真实的思想，产生于好奇的、理智的冲动，这种冲动使人有求知和求理解的愿望。但大多数冒充的思想，实际上是由非理智的冲动所引起，只是一种说服自己的手段，以为放纵了这种冲动，就不会使我们失望或受到害处。①

当一个冲动受到抑制的时候，我们会觉得不舒服，甚至于感到剧烈的痛苦。我们可能放纵冲动来避免这种痛苦，那时候我们的行动是有目标的。但是痛苦的存在是由于冲动，而现在只是把这个冲动引到一个行动上去，并不是把它引到避免因抑制冲动而生的痛苦上去。这样说来，冲动本身还是没有目标的。至于逃避痛苦的目标，仅仅发生于冲动暂被抑制的一转瞬间。

---

① 关于这个问题，可以参考伯纳·哈德所著《疯狂心理学》（Bernard Hart：*Psychology of Insanity*；剑桥大学出版社，1914年版），第5章，特别是第62—65页。

冲动是我们行动的基础，它的范围大大超过于愿望。愿望是有它的地位的，但是看起来没有那样大。冲动常带着一连串服从它的、想象出来的愿望：它们使人以为所希望的是冲动满足以后所产生的结果，他们就是为了这些结果才去行动，而实际上，他们的行动，除了行动本身以外，没有什么其他的动机。一个人写一本书，或画一幅画，当初或许自以为他的目标是在于获得称誉；但是一旦完成，如果他的创作冲动还没有耗尽的话，那么对于已成的作品，他又不感兴趣了，将会着手于另一件新的作品。这个道理适用于艺术创作，也同样适用于我们生活中的一切重要事项：直接的冲动在推动着我们，而我们想象中的愿望，仅仅是冲动所披着的外衣罢了。

愿望，跟冲动相反，在人类生活的调节中，确实起了愈来愈多的重要作用。冲动是反复无常、杂乱无章的，因此不容易把它纳入一个有条有理的规范之中；在儿童或艺术家的生活中，或许可以容忍，但是对于应该严肃的人就不相宜了。几乎一切有报酬的工作，都是从愿望出发去做的，并不是从冲动出发的：就工作本身来说，或多或少会使人感到腻烦，但是能得报酬是合乎愿望的。人在工作时间内的一切严肃的活动，除了少数幸运的人以外，主要是受到愿望的节制，而不是受对于这些活动的冲动的节制。在这方面，很少人看到有什么坏处，因为大家认为在工作中不能让冲动占有满意的位置。

一个人对于一种冲动，如果在实际上和想象上都没有关系，那么在他看来，这种冲动永是疯狂的。一切冲动实质上是盲目的，那就是说，冲动不是从对于后果的任何预见所产生的。对于一种冲动没有关系的人，关于这种冲动将发生怎样的后果，和必然发生的后果是否就是预期的后果，都另有一番估计。这种不同的意见，看起来好像是合乎道德与理智的，但实质上是发生于不同的冲动罢了。在这种情况之下，冲动上的差别如继续存在，那么彼此的见解就无法归于真正的统一。凡是生气蓬勃的人，同时也必然具有强盛的冲动，而这些冲动，在旁人看来，或许认为完全不合理。盲目的冲动有时引导到毁灭和死亡，但有时也可以引导到世界上最好的事情。盲目的冲动是战争的来源；但也是科学、艺术和爱的来源。我们所需要的，不是冲动的削弱，而是引导冲动到生命和发展方面去，不是引向死亡和腐朽方面去。

用意志来完全控制冲动，虽然道德家有时做这样的宣传，而为了经济上的需要，也往往被迫这样做，但实际上是不适当的。人的生活，如果专门给目的和愿望所支配而完全排斥冲动，会变成一种使人厌倦的生活，使生命力消耗净尽，结果会使人对于原来要达到的目标，变为冷淡和漠视。如果全国所有的人都过着这种生活，那么全国将变为软弱无力，没有足够的把握来认识和克服为达到它的愿望所遭遇到的阻碍。工业制度和组织经常迫使文明国家越来越多地过着有目标的生活而放弃冲动的生活。长期以后，这种生存方式，如果不把生命的源泉弄干，也会产生不是意志所能控制的，也不是思想上所能自觉的新的冲动。这些新的冲动，就它们的效果来说，往往比受到遏制的冲动更坏。过多的纪律，特别是从外面强加上去的，时常会产生残酷而有破坏性的冲动；就是因为这个理由，军国主义对于国民的性格产生了不良的影响。自发的冲动，如果不能寻找到出路，其结果几乎必然会使人丧失生命力，或者产生压迫性的和与生命敌对的冲动。一个人的冲动，并不是一开头就被他的本性所固定：在一定的范围之内，它们是大大地为他的环境和生活方式所改变的。这些变化的性质，应该加以研究，而且在判断政治和社会制度的好坏时，必须考虑到这些研究的结果。

战争，主要是从冲动的生活中产生出来的，而不是产生于理性或愿望。有侵略的冲动，也有抵抗侵略的冲动。两者有时也可能与理性相一致，但在许多的事例中，战争的实施是与理性背道而驰的。每一个冲动都带来一连串伴随的信仰。适合于侵略冲动的信仰可以从伯恩哈德（Bernhardi），或从伊斯兰教初期的战胜者的事例中看到，也可以从《圣经》的《约书亚记》中看到完备的例子。信仰之中，第一个就是自己这一族的优越性，他们肯定在某种意义上是上天的选民。因此，他们感觉到只有自己一族的祸福是重要的事情，而世界上其他的人只供高一等民族在求得胜利或挽救危亡时的利用罢了。在现代政治上，这种态度体现在帝国主义里。整个欧洲对于亚洲和非洲抱着这种态度，而许多德国人对于欧洲的其他部分抱着这样的态度。

与侵略冲动相关连的，就是反侵略冲动。古代以色列人对于法利赛人的态度，和中世纪欧洲对于伊斯兰教徒的态度都是表明这种冲动的很好的例子。这种冲动所产生的信仰，就是相信侵略者非常凶恶，因此对他们的侵略发生惧怕，并且相信本国的风俗习惯有无限的价值，如果侵略者战胜，那么这些优良的风习就有被压制的可能。英法两国的一切反对派，在战争爆发以前，虽然用全力来反对民主，但战事一发生，他们就开始说民主受到威胁。他们这样说并非是虚伪的，因为反对德国侵略的冲动使他们感觉到，凡是受到德国侵略威胁的任何事物，都应该加以爱护。实际上，他们所以爱民主是因为他们恨德国；但是他们自以为他们所以恨德国是因为他们爱民主。

在一切参战的国家里，互相关连的侵略冲动和反侵略冲动，两者都起着作用。不受这两种冲动的任何一种所支配的人，大体可分为三类。第一类人，他们的民族感情是同统治他们的国家相敌对的。属于这一类的有如爱尔兰人、波兰人、芬兰人、犹太人及其他被压迫民族的人民。从我们的观点来看，这些人可以不加研究，因为他们的冲动的本性是同打仗的人全都一样的，所不同的只是外界的情况罢了。

第二类人，他们不是支持战争的力量的一部分，他们的冲动的本性已经或多或少归于枯萎。和平主义的反对者认为，一切和平主义者，除为德国人所收买者外，都属于这一类。他们认为，和平主义者是没有血性的，没有感情的人，这些人当他们的弟兄为国牺牲的时候，他们还能袖手旁观，以超然的态度加以论究。在一些纯粹是消极的和平主义者，除不积极参加战争外，并无其他行动的人们中间，可能有一部分人是这样的。我想支持战争的人有权利鄙视这些人。导致战争的冲动，尽管它能酿成一切破坏，但是一个具有这些冲动的民族，比较另一个一切冲动都已消失的民族，有更大的希望。冲动是生命的表现，冲动存在的时候，就有转向生命的希望，而不是趋向死亡；但是缺乏冲动就是死亡，死亡不会产生新的生命。

但是积极的和平主义者不属于这一类：他们不是没有冲动力的人。在这一类人里具有一种与战争相对立的冲动，其强度足以克服导致战争的冲动。这不同于一个没有感情的人的行为，把自己抛出于国家生活的一切运动之外，作世事无望的主张，招致辱骂，并且抵抗集体情绪的感染。避免舆论反对的冲动，是人类本性中最强的冲动之一，只能被一种直接而不计利害的冲动的非常力量所克服，这样的行为是不能单靠冷静的理性所能促使的。

冲动可以分为造成生命的和造成死亡的两类。体现于战争的冲动是属于造成死亡的一类的。任何一种造成生命的冲动，如果它足够坚强，那么将会引导一个人站出来反对战争。这些冲动中，有些只在高度文明的人中才是强有力的；有些是普通人类的一部分。趋向于艺术及科学的冲动，是属于那些造成生命的冲动中的更文明的部分。许多艺术家能够安之若素，完全不为战争的热情所动，这并非由于感情薄弱，而是由于创造的本能和对远景的追求，使他们批判地对待民族情感的袭击，而对于被好战的冲动当作外衣的神话则置之不理。在少数人中，科学的冲动占着优势，他们已经认识到战争双方相互竞争的神话，并且已通过了解而被引导到中立。但是，不能从这些精美的冲动中产生出一种足以改变这个世界的群众性力量。

在生活方面有三种力量。这三种力量并不需要特殊的天赋聪明，在目前也并不很少；在更好的社会制度之下，可能成为极普通的事情。它们是爱、建设性的本能和生活的快乐。在目前，这三件都由于人的生活的条件而受到限制和削弱——不但是物质生活较为不幸的人如此，就是大多数较为富裕的人也是如此。我们的制度建立在不公平和权力上面：我们只有硬着心肠不表露同情，封闭脑筋不认真理，才能忍受压迫和我们可以从中得到利益的不公平现象。关于成功的传统概念，引导多数人过着一种生活，让最富有生活力的冲动牺牲掉，而生活的快乐就在没精打采的困倦中消失掉了。我们的经济体系几乎迫使一切人完成他人的目标，而不是自己的目标，使他们感到行动的萎缩无力，而所能得到的只是少许消极的快乐罢了。这一切事情，把社会的活力、个人豁达的情感以及用宽大的胸襟来看待世界的能力全都毁灭了。这一切事情都是不必要的，而且可以用智慧和勇敢来消灭掉。如果这些事情能加以消灭，那么人的冲动的生活将会完全改变，而人类将向着一种新的幸福和新的活力前进。这些演讲的目的，就是要促进这样一个希望。

不论男女，他们的冲动和愿望只要在他们的生活中真是重要的，那么它们并非互相分离，而是从关于生长的中心原理发生出来的，这是一种本能的促进力引导人进入一定的方向，正像树木寻求光一样。只要这种本能的运动不受阻碍，任何不幸的遭遇都不会酿成根本性的灾害，也不会产生因妨害自然生长的结果所造成的畸形。我们如果要直觉地了解一个人，那么在想象中一定要明白每个人的这个内心的中心。这个中心因人而异，人的不同的特长也决定于它。社会制度对于每个人所能做的最重要的事情，就是使他自己的生长又自由又有劲：它们不能强迫他按照别人的模型而生长。有些冲动和愿望——例如喜欢服用药品，那不是从这个中心原理产生出来的；这样的冲动，如果强烈到足以变为有害的时候，那么应当用自制力来加以制止。另有一些冲动，虽然可能是从个人的中心原理产生出来的，但是或许对于他人的生长有害，为了他人的利益，也必须加以制止。但是大体说来，对于他人有害的冲动往往是因为生长受到阻碍而产生的，而在本能的发展上没有受到阻碍的人是很少有的。

人，像树一样，为了生长，需要适合的土壤和不受压迫的足够的自由。政治制度对于这些可以有帮助，也可以有阻碍。但是一个人的生长所需要的土壤和自由比较树木的生长所需要的土壤和自由，要大大地难于形成和获得。可以期望得到的完全的生长，是无法加以形容或表现出来的；它是细致而复杂的，只能凭微妙的直觉来感觉，只能凭想象和

注意来得到模糊不清的了解。它不是单凭或主要地
凭着物质的环境来决定，而是凭信仰和情感，凭行
动的机会和凭社会的全部生活来决定的。人所属的
类型愈发展，愈文明，他的生长的条件也愈繁复细
致，他也更多地依赖于他生活于其中的社会的一般
状态。一个人的需要和愿望并不限于他自己的生活。
如果他的头脑能作广泛的理解，他的想象力是活泼
的，那么他所属的社会的成功和失败，也就是他的
成功和失败；随着社会的成功和失败，他自己的生
长也得到促进或受到阻碍。

在现代的世界里，就大多数的男女而言，他们
生长的原理，被从更简单的时代遗留下来的制度所
束缚。由于思想和知识的进步，由于对物质世界的
力量的进一步控制，新的生长的可能性已经出现，
并且产生了新的要求。假如要使提出这些要求的人
不受阻碍的话，这些新的要求应该得到满足。对于
那些不再是不可避免的限制，已经较少被默认了，
而让这些限制继续存在，那么要得到一个良好生活
的可能性就比较少。制度，如果给予某些阶级的机

会比较别的阶级特别多，在处境比较不幸的人看来，就不会再认为它是公平的；虽然比较幸运的人还在热烈地保卫着它们。因此产生了一种普遍的斗争，就是传统与权力、自由与正义列阵相待。我们所公认的道德是传统性的，已失去了它对于起来改革的人们的约束力。要使旧事物的保卫者与新事物的拥护者相互合作已几乎成为不可能了。内部的分裂已经进入了几乎一切生活方面，而且在继续不断的增长之中。男人和女人，在为自由的斗争中，已愈来愈不能推倒"自我"的墙，不能达到由真诚而生动的团结所产生的发展。

我们的一切制度都有在权威方面的历史基础。东方暴君的不容怀疑的权威，在全能的造物主方面得到了它在宗教上的表现，造物主的光荣是人类唯一的目的，人类是没有权利反对他的。这种权威传给皇帝和教皇，中世纪的各国国王，封建的教会政权中的贵族，甚至传给每一个父亲和丈夫来对付他们的儿女和妻子。教会是神权的直接体现，国家和法律是根据君王的权威建立的，土地的私有权起源于战胜的勋爵的权威，而家庭是受家长的权威所统治的。

中世纪的制度，只容许极少数幸运的人得到自由发展；人类的绝大多数是为了替少数人服务而生存着。但是只要权威被甚至最不幸的臣民所真正尊重与承认，中世纪的社会仍是一个有机体，而不会与生活发生根本冲突，因为它产生于自愿，所以外表的顺从与内心的自由是表里一致的。西方基督教国家的制度体现了一种曾经真正被人信仰的理论，而今天用来为我们现在的制度作辩护的理论，是没有一种为人所信仰的。

关于生活的中世纪理论，因为不能满足人对于正义和自由的要求而崩溃了。当统治者滥用他们理论上的势力时，在过度的压迫之下，受害的人被迫认识到他们自己也有权利，不必专为增加少数人的荣光而生活。渐渐地可以看出，人有了权力，就可能滥用，而权威实际上就意味着专制。因为正义的要求遭到掌权者的拒绝，人们越来越变为分散的个体，各人为了自己的权利而斗争，没有一个由共同的根本目标所维系的真正的社会。这种缺乏共同目标的现象已变为不幸福的一个源泉。许多人所以欢迎这次战争的爆发，其理由之一就是战争能使每个民族在单一的目标下，重新结合成为一个完整的社会。目前，战争所做到的，是把整个文明世界的单一目标的起点加以毁灭；但是，这些起点是如此的柔弱，以至于它们的毁灭，很少人感觉到大的影响。人们为了同胞间的团结的新意义而高兴，而很少注意到跟他们的敌人分离得越来越远了。

在为自由的斗争过程中，个人的冷酷和分散是无可避免的、并且永远也不能做到完全没有。如果要产生一个有机体的社会，我们必须把我们的制度加以根本的改变，使现代的感觉所要求的对于个人及其权利的新的尊重，得以体现出来。中世纪的帝国和教会，把个人一扫而光。当时有异教徒，但是他们被无情地屠杀，一点儿没有像后来的迫害所激起的那种良心上的责备。而且，他们同迫害他们的人一样相信，世界上只应该有一个教会：他们之间的不同只是信条上不同的问题罢了。在少数艺术家和文学家中间，文艺复兴只挖掘了中世纪理论的墙脚，除了引起怀疑和紊乱以外，没有用任何东西来代替它。中世纪理论的第一个严重的裂口，是由于马丁·路德的主张造成的，他认为私人有裁决权，而宗教会议（General Council）易犯错误。这一个主张经过相当时间之后，必然产生一种信仰，就是一个人的宗教，不能由权威来代他决定，应该听凭每一个人自由选择。所以，为自由的斗争是从宗教问题上开始的，也是在宗教问题上得到一个几乎彻底的胜利。①

由极端个人主义发展到斗争，一个人又希望从这种斗争中达到一个新的复原，这几乎在生活的每一部分都可以看到。用正义的名义提出的要求，被用传统和既得权利的名义加以拒绝。双方都诚实地相信自己一方应该胜利，因为有两种社会理论并存于我们的思想之中，而人们都不知不觉地选择了适合于自己情况的一种理论。因为这样的斗争是长期而艰苦的，所以把所有的一般理论渐渐地忘掉，到

① 这是写在基督教徒按照军役法案（第 2 号）得处十年以内劳役的规定以前（1916 年添加的注）。

临了，除了自己的主张以外，就没有别的东西了。当受压迫者获得了自由以后，他们跟以前压迫他们的"主人"一样的压迫别人。

这可以很粗浅地从所谓民族主义的事例中看到。民族主义，在理论上，是一种主义，就是说人们按照他们的同情心和传统，形成一个自然的集团，叫做"民族"，每一个民族应该团结在一个中央政府之下。大体上说，这个主义是可以承认的。但在实际上，这个主义采取了一种比较偏重个人的形式。被压迫的民族主义者辩论说："我，按照同情心和传统，属于甲民族；但是我受一个掌握在乙民族手中的政府的统治。这是不公平的，非但因为跟民族主义的一般原则不相符合，而且因为甲民族是宽大、进步和文明的，而乙民族是压迫人的、退步的和野蛮的。为了这样的理由，甲民族应该发达而乙民族应该降低地位。"乙民族的居民对于抽象的正义要求当然不理，何况他们还挟有个人的仇视和轻蔑。但是不久，在战争之中，甲民族获得了自由。民族的能力和骄傲已使他们获得了自由，但同时产生了一种动力，势所必然地把他们引向试图战胜外国或者拒绝把自由给予较小的民族。"什么？你说构成我们国家的一个组成部分的丙民族，同我们有同等的权利，正像我们同乙民族 ① 有同等的权利一样？但这是荒谬的。丙民族愚蠢如猪，而且好骚动，不能良好地治理，非用强力，不能使它不生危害，不扰邻国。"英国人谈到爱尔兰人，德国人和俄国人谈到波兰人，加利西亚的波兰人谈到卢森尼亚人，奥国人谈到马扎尔人，马扎尔人谈到同情于塞尔维亚的南斯拉夫人，塞尔维亚人谈到马其顿的保加利亚人，都是这样的说法。民族主义，在理论上虽然无可非议，但就这样通过一种自然的运动而引导到压迫和征服的战争。15 世纪时，法国刚从英国人方面得到自由，马上就开始征服意大利；西班牙刚从摩尔人方面得到自由，马上就跟法国为了争取欧洲的霸权而进行了一世纪以上的斗争。在这一方面，德国的事例是很有趣的。在 18 世纪的开端，德国的文化是

---

① 原文为甲民族，有误，改为乙民族。——译者注

法国式的：宫廷方面的用语是法语，哲学家莱布尼茨的哲学著作是用法文写的；恭敬的信札和学术著作也是普遍用法语的。民族意识是几乎不存在的。这以后，一连串的大人物在诗歌、音乐、哲学和科学方面做出了成就，因此在德国创造了一种自尊心。但是在政治上，德国的民族主义只是由于拿破仑的压迫和1813年的骚动产生的。以后的几个世纪中，每一次欧洲的和平受到扰乱，都是从法国或瑞典或俄国的侵略德国开始的，德国人发现依靠充分的努力和团结，他们能够把外国军队驱于国境之外。当击败拿破仑之后，纯粹保卫自己的目标已经达到，但是需用的努力太大，以致欲罢不能。现在，事情已经隔了一百年，但是他们仍旧从事于同样的运动，这运动已变成一个侵略和征服的运动。我们是否能看到这个运动的结束，至今都无法想象。

人们对于一个由各民族组成的社会，如果有强烈的感觉，那么民族主义一词，只用来说明各民族的界限罢了。但是因为人们只感觉到自己一族里的社会，所以只有用武力才能使他们尊重其他民族的权利，甚至于他们主张与他们自己所代表的完全相似的权利时，也是如此。

自从工业体系成长以来就存在的劳资冲突和还在萌芽时期的男女冲突，由于时间的推进，我们可以预期将来会有一个相似的发展。

在这种种的冲突里，需要真正为人相信的某种原理，它是以正义为其指望的结果的。相互间任性所引起的剧烈战争，只有通过偶然的力量均衡才能达到正义的结果。企图支持建立在权威上的制度是没有用的，因为一切这样的制度都含有不公平在内，而不公平一经被人认识，对支持与反抗这种制度的人来说，他们都不可能没有重大损害地永久存在下去。损害在于把"自我"的墙加固，不是开一窗户，而是使它们成为牢狱。个人的无阻碍的成长，依赖于多与他人接触。在人与人的关系中间，应该出于自由的合作，而不是强制的服务。当权威的信仰存在时，自由合作就同不平等及屈服并存。但现在所需要的是平等和相互的自由。一切制度，如果要使它们不妨害个人的生长，那么一定要尽可能建立在自愿的结合上面，而不是建立在法律的力量或掌权者的传统权威上面。应用这个原则时，我们的制度没有一个能不经巨大的根本的改变而依然存在下去的；但是要挽救这个世界不使分裂成为截然分离的、各自为政的单位，那么这些改变是绝对必要的。

个人与个人之间的良好关系，是从两个主要的起源来的：一个是本能的喜爱，另一个是共同的目标。在这两者中间，从政治上说，或许共同的目标更为重要。但是实际上，共同目标往往是本能上的喜爱或共同的嫌恶的结果，而不是它们的原因。属于生物学范畴内的人群，从家庭到民族，或多或少地是由于本能的喜爱所组成，并且把他们的共同目标建立在这个基础上面。

本能的喜爱是一种感情，它能使我们同别人在一起的时候，感到愉快和高兴，愿意和他谈话，和他工作，和他在一起玩。它的最极端的形式就是恋爱，但是即使比较弱的形式，甚至于极弱的形式，也有政治上的重要性。你有一个在本能上不喜爱的人在你面前，你就会觉得任何一个其他的人都更可爱些。一个反闪族的人，当一个犹太人在他的面前时，他会喜爱任何一个基督教教友。在中国或在非洲的荒野之中，任何一个白种人会受到衷心喜悦的欢迎。一种共同的嫌恶，往往是温和的本能的喜爱的原因之一。

本能的喜爱，其次数之多少，程度之深浅，各人大不相同。就是同样一个人，在不同的时间里，他也是大有不同的。在这方面，我们可以把卡莱尔和沃尔特·惠特曼作为相反的两个极端来说明。对于卡莱尔，大多数的男人和女人是可憎的，至少在他的晚年是这样的；他们引起了他本能的厌恶，使他以想象他们上断头台或战死沙场为快乐。这样使他藐视多数人，而对于某些著名的杀人者像腓特烈大帝、弗朗西亚博士 ① 和爱尔总督 ② 等人反而感到满意。这使他喜爱战争和强暴，而轻视弱者和被压迫

---

① 弗朗西亚博士 (Dr. Francia，1766—1840)，为巴拉圭独立运动领袖、独裁者及元首 (1814—1840)。——译者注

② 爱尔总督 (Governor Eyre，1815—1901)，英国探险家，殖民地官员，在加勒比海地区任职时曾残酷镇压当地叛乱。——译者注

者。例如，他对于那"三万个不幸的缝纫妇"①竟不厌不倦地发泄他的嘲弄和侮辱。在他的晚年，他的道德和政治是完全由对于几乎整个人类的憎恶所激起的。

沃尔特·惠特曼和他正相反，对于绝大多数的男女，有一种温暖而豁达的情感。他对于他的奇怪的人名录感兴趣，因为每一项目，在他的想象中，都是一种使他愉快的事物。大多数人只对于特别美丽或卓越的人，才会有的那种喜悦，而惠特曼几乎对于任何人都有这样的感觉。从这种普遍的喜爱产生了乐观主义，对于民主的信仰，相信人与人是容易和平友好地共处的。他的哲学和政治，像卡莱尔的一样，是建立在他的对平常男女的本能的态度上面。

没有任何客观的理由可以用来指出这两种态度中的哪一种在本质上比另一种更为合理。一个人如果觉得别人讨厌，没有理由可以向他证明他们不讨厌。但是一个人如果像惠特曼而不像卡莱尔，那么他自己的和别人的愿望都很可能得到满足。在惠特

① 出自卡莱尔1850年的著作《现代短论》(Latter-Day Pamphlets)对英国工业的批评，因为这些妇女"很快工作至死"。——译者注

曼的世界里比卡莱尔的世界里是更幸福而更能实现它的目标。为了这个理由，假如能够的话，我们希望世界上增添本能的喜爱而减少本能的嫌恶。这也许是用来评判政治制度的一切效果中最重要的东西了。

个人之间良好关系的另一个起源是一个共同的目标，特别是那种非经合作不能完成的目标。有些组织，像工会和政党，几乎完全是根据一个共同目标组成的；任何本能的喜爱可能与它们结合在一起，也只是共同目标的结果而不是它的原因。经济组织，像铁路公司，是为了一个目标而成立的。但是这个目标实际上只存在于那些领导公司的人们，一般职工除获得工资以外，就没有其他的目标了。这是经济组织里的一个缺点，应该加以补救。工团主义的目的之一就是要补救这个缺点。

婚姻是（或应该是）建立在本能的喜爱上面的，但是一有孩子，或是一有要孩子的愿望，就添了一个共同目标的力量。不正常的男女关系，没有要得到孩子的意图；婚姻关系与它的不同，主要就在于这一点。事实上，往往夫妇间本能的喜爱消失之后，共同目标仍然继续存在下去，成为一种强固的维系。

一个民族如果是真实的，而不是人为的，那么它是隐隐地建立在同胞之间本能的喜爱上面和对于外国人的一种共同的本能的嫌恶上面。一个英国人当他去过大陆，回到多佛或福克斯通的时候，他对于一些熟悉的事情，都有如逢旧友的感觉，如：临时的行李员，叫喊的报童，卖粗茶的妇女，这一切都使他心里感到温暖，并且比起举动上有奇怪习惯的外国人来，似乎更为"自然"，更具有人类应有的品质。他容易相信一切英国人都是好心的，而许多外国人是诡计多端的。有了这样的感情，就容易把一个民族组成一个统治的单位。当这样的事情发生之后，就添上一个共同目标，正像婚姻一样。外国人会喜欢侵略我们的国家而使它变成荒地，在战争中杀戮我们，把我们的骄傲打击下去。那些跟我们合作来防止这个灾难的是我们的朋友，并且他们的合作加深了我们的本能的喜爱。但是共同目标并非构成我们爱国心的整个来源：即使是多年的盟友也不能激起我们对同胞一样的感情。本能的喜爱，大都产生于相同的风俗习惯，它是爱国主义的一个重要因素，并且正是整个感情所寄托的基础。

　　如果人们自然的生长将得到他们的环境的促进而不是妨碍，如果他们的愿望和需要将尽量地得到满足，那么政治制度就应该尽可能体现共同的目标并培养本能的喜爱。这两件事是互相关连的，因为对于本能的喜爱危害得最深的，莫如被打击的目标和不满足的需要，而能为共同目标便利合作的也没有什么比得上本能的喜爱。一个人当他的生长没有受到妨碍的时候，他的自尊心没有被侵犯，他也不会把别人当作他的敌人。但是当他的生长，不拘什么理由，受到妨碍，或者当他被迫在歪曲的和不自然的形式中生长的时候，他的本能会把呈现在他的眼前的环境当作敌人，而他的心中充满了仇恨。他失掉了人生的乐趣，而恶意代替了友谊。驼背的、残废的对人怀着恶意是人所共知的；但是在那些不明显的残废者中间，也可以发现同样的恶意。真正的自由，如果能够实现的话，还得走一段漫长的路，才能消灭仇恨。

　　不少人相信我们内心里属于本能的东西是不能改变的，只有接受它而加以利用。但实际上决非如此。无疑，我们都有一定的本性，各人的本性又彼此不同。这些本性同外界的情况相结合而产生一定的性格。但是即使是我们性格里的本能部分，也是可以大大加以改变的。它可以被信仰所改变，也可以被物质环境、社会环境以及制度所改变。一个荷兰人可能跟一个德国人具有很多相同的本性，但是在他的成年生活里的本能，因为没有军国主义，没有强国的骄傲而大不相同。独身主义者的本能同其他男女的本能大不相同，这是显而易见的。几乎任何一种本能，都可以因它所找到的出路的性质不同而具有多种不同的形式。同样一个本能，它可以引导到艺术和知识的创造，也可以在别的情况之下引导到喜欢战争。事实上一种活动或信仰是本能的结果，但我们不能把这个事实作为理由，认为本能是不可改变的。

　　对于人的本能的喜爱与不喜爱的这种应用，也同样适用于其他的本能。喜爱某些自己的同种同属而不喜爱别的种属，无论对于人或对于别的动物来说，都是自然的；但是喜爱与不喜爱的比例，则决定于周围的情况，往往决定于极小的事情。卡莱尔的厌世，大半是由于他的胃病；可能一种适当的医疗方法就能完全改变他对于世界的看法。把处罚作为手段，来对付社会所欲取缔的冲动，其缺点在于处罚并不能防止冲动的存在，而只诉之于个人利益，以力图遏制冲动的放纵。这个方法既不能把冲动连根拔去，就算它能达到眼前的目的，恐怕也只是驱使冲动另找出路。如果冲动强，单凭个人利益，未必能有效地遏制冲动，因为除了理性很强，或没有热情的人以外，个人利益并不是一个很有力的动机。人们把动机想象得较实际上具有的更为强有力，因为我们的心情使我们在利益方面欺骗我们自己，并且引导我们相信它和我们由愿望或冲动所促成的行动是一致的。

因此，通常所称人性不能改变的说法是不对的。我们都知道，我们自己的性格和我们相识者的性格是受到周围事物的很大影响的；而且对于个人固然如此，对于民族也是如此。通常人类本性改变的根本原因，大致不外乎两种：或是纯粹物质的变化——例如，气候的改变——或是人对于物质世界控制的程度有所变化。我们对于纯粹物质的变化可以不去管它，因为这些对于政治家没有多大关系。但是，由于人依靠发明和科学而对物质世界日益增多的控制所引起的变化，却有十分迫切的重要性。通过工业革命，他们已经把人们的日常生活加以根本的改变；由于创造了巨大的经济组织，他们已经把社会的整个结构加以改变。人们的一般信仰，本来主要是本能和环境的产物，现有的信仰与 18 世纪的比较起来，已经大不相同。但是，我们的制度，还是既不适合于因新环境而得到发展的本能，又不适合于我们真实的信仰。制度有它们自己的寿命，往往超过了使它们成为适合于本能的外衣的环境。这个道理，在各种不同的程度上，几乎适用于我们从过去承受下来的一切制度：国家、私有财产、家长制的家庭、教会、陆军和海军。这一切，已经在某种程度上，变为压迫性的，并有几分是跟生命相敌对的。

对于政治改造的任何一种认真的尝试，必须认识什么是平常男女的根本需要。在政治思想方面，习惯上认为只有经济上的需要是和政治有关的。这种观点不足以说明像目前的战争，这样一回事，因为任何可以归属于战争的经济的动机，大多是神话式的，而战争的真正原因必须求之于经济范围以外。凡是不经过有意识的努力就可以正常地得到满足的需要是不受注意的，因此产生了一种过于简单的关于人类需要的通行的理论。主要是由于工业制度的缘故，有许多需要在从前可以不用费力得到的满足，现在大多数的男女都得不到了。但是关于人类需要的陈旧而过于简单的理论依然存在，使人忽视了新的不满足的原因，并且编造出十分虚伪的理论来说明为什么不能满足。社会主义像一种万应灵药，在我看来在这方面是错误的，因为它过于轻易地认为有了更好的经济条件就当然会使人幸福。人所需要的不仅仅是更多的物质用品，而是更多的自由，更多的自主，更多的创造性的出路，更多的生活愉快的机会，更多的自愿的合作，而少些非出于自愿的为他人的目标而服务。如果我们对于自然界的知识和控制自然界的力量的增长，在产生一种良好的生活方面，要收到完满的果实，那么，将来的制度必须帮助产生这一切事情。

第二章
国　家

在社会主义的影响之下，近年来多数的进步思想赞成增加国家的权力，而或多或少地反对私有财产的权力。在另一方面，工团主义则对于国家和私有财产都反对。我认为在这一方面，工团主义比社会主义更正确些，因为私有财产和国家是现代世界里两个最有势力的制度，它们因为权力过大，都已变成对于生活有害，而且它们都在加速地消灭生活力。这个文明世界正因为生活力的消失而增加痛苦。这两个制度是密切相联的，但是目前我只打算讨论国家。我将试图指出有许多国家的权力是如何的大，如何的不必要和如何的有害，并且要指出这些权力怎样可以大大地削减而不致失去它的活动中的有用部分。但是我也承认，在某些方面，它的机能应该扩大而不应该削减。

国家的某些机能，像邮局和初等教育，可以由私人团体来办，只是为了便利起见，才由国家来承办。但是，另有一些事务，像法律、警察、陆军和海军，本质上更应该属于国家：只要还有一个国家存在着，就很难想象这些事情会落在私人手中。社会主义和个人主义的区别，其关键在于国家的非根本性的机能方面，社会主义者要想扩大，而个人主义者主张限制。我现在所要评论的，却是社会主义者和个人主义者都同样承认的那些根本性的机能，因为其他的机能，在它们本身里面，我没有看到有什么可以反对的。

国家的本质，就是说国家是国民集体权力的总汇。这个权力有两种形式，一种是对内的，一种是对外的。对内的形式是法律和警察；对外的形式是像体现在海陆军方面的那种从事战争的权力。国家是由一定区域内的全体居民结合起来组成的，按照政府的命令来运用他们联合起来的力量。在一个文明的国家里，只有按照预先制定的法规来对它自己的国民行使权力，这些法规就构成刑法。但是对于外国人行使权力时，就不根据什么法规，除了少数的例外，都是依照某种真实的或想象的国家利益来行使的。

毫无疑问，根据法律行使权力比任意行使权力的害处要来得小。如果国际公法能有足够的力量使人依照它来调整国际关系，那么我们的情况早已有了一个很大的进步。在没有法律以前，原始的无政府状态比法律更坏。但是我相信将来有可能达到一个在某种程度上超越法律的时期，就是可以保持现在法律的优点而不致失去自由，同时可以除去法律和警察所不可避免的缺点。或许某些权力的集中还有必要暗中存在，但真正运用权力的机会可能变为极少，而需要运用权力的程度也极小。在没有法律的无政府状态之下，只有强者获得自由；而在我们希望达到的新的情况之下，要尽可能使每一个人都有自由。要做到这样，不是依靠完全排斥有组织的权力，而是尽最大的可能来限制运用权力的机会。

国家权力的受限制，对内只是为了恐惧叛变，对外只是为了恐惧战败。必须受这些限制，那是绝对的。实际上国家能通过税收来占有人们的财产，能决定婚姻和继承的法律，如有人发表它所不喜欢的意见，能加以处罚，如有人想把自己所住的地区归属于另一国家，它能处以死刑。并且任何时候，它认为有战争的必要，它就命令一切壮丁冒着生命的危险去参战。在许多事情上，如有人不同意国家的目标和意见，是触犯刑法的。在战前，世界上最自由的国家也许是美国和英国；但是在美国，外来的移民必须声明自己不相信无政府主义和一夫多妻制，否则就不得登岸。而在英国，近年以来，有些人因为他们表示不同意基督教①，或者为了他们赞成救世主的教义②而被送入监狱。在战争时期，对于国家对外政策的一切批评都是犯罪的。多数人或有力的掌权者认为适当的目标，如有人不赞成，那么他们将受到痛苦和刑罚，正像过去异教徒所遭受的一样。这样行使专制的范围，被它的成功所掩蔽了：很少人认为值得去

---

① 对于不敬神的迫害。
② 对于工团主义者的迫害（现在必须加进一点，即对于为了良心而反对战争者的处罚。1916年）。

招惹迫害，因为这种迫害几乎必然是彻底而有力的。

　　普遍的服兵役恐怕是国家权力的最极端的例子，也就是国家对于本国国民和对于外国国民态度上不同的最高的例证。国家对于杀害同国人和拒绝杀害外国人予以同样严厉的处罚。就整个来说，后者较前者是更严重的罪行。因为战争的现象已经司空见惯，所以人们不能认识它的奇怪的地方。对于那些站在导致战争的本能的圈子里的人，似乎一切都显得自然而合理。但是对于那些站在圈子外面的人，就越熟悉而越感到奇怪。令人惊奇的，就是绝大多数的人竟然会容忍一种制度来强迫他们在任何时间，只要政府一声命令，他们就愿受战场上的一切恐怖。有一位法国美术家，对于政治素不关心，只注意于他的绘画，忽然被召去打德国人，据他的朋友告诉他，德国人是人类的耻辱。有一个德国音乐家，同样的不问外事，也被召去打没有信义的法国人。这两个人为什么不能宣告互守中立？为什么不让喜欢战争的人去从事战争？但是，如果这两个人宣告了互守中立，他们会被他们的同国人枪毙的。为了避免这样的命运，他们只能从事于互相射击。如果世界上失掉的是这个美术家，而不是音乐家，德国就感到高兴。如果世界上失掉的是这个音乐家，而不是美术家，法国就感到高兴。谁也不记得对于文明的损失，不管哪一个被杀，其损失是相等的。

这是疯人院里的政治。如果让美术家和音乐家站在战争以外，其结果对于人类只有好处，没有别的。国家的权力使这样的事成为不可能，是一件坏事，正像从前教会的权力把非正统思想的人置于死地一样的坏。但是，即使在和平的时候，如果有一个国际同盟组织，由等额的德国和法国成员组成，大家约定不参加战争，那么德国和法国会用同样的残暴对其加以迫害。把盲目的服从、无限制的杀人与就死的志愿，强求之于一个现代民主国家的国民，这跟中世纪的苏丹国王要求于他的近卫军，或东方的专制君主要求于他的秘密人员的毫无两样。①

---

① "在一个民主国家里，毕竟是多数人在统治着而少数人不得不尽量爽快地降服"[见1915年12月29日《威斯敏斯特公报》(*Westminster Gazette*) 关于征兵一文]。

第二章
国　家

　　国家权力的使用，像在英国所常见的，大多是通过舆论而不是通过法律的。由于演讲和报纸的影响，舆论大多是国家所创造出来的，而且专制的舆论正和专制的法律一样是自由的一个大敌。如果一个青年人因不愿作战而在职业上被开除，在街道里被侮辱，被朋友冷待，被从前相爱的女子嘲笑而抛弃，他会觉得这样的处罚好像被判死刑一样的难过。① 一个自由的社会不但需要有法律上的自由，而

----

① 　　"西米德尔塞克斯的副验尸官雷金纳德·肯普，星期六在伊林地方检验了一个来自牧羊丛（西伦敦的一个地区。——译者注）的出租车司机（34岁，名叫理查德·查尔斯·罗伯茨）的尸体以后，对于一些品性不良的妇女提出了严厉的批评。罗伯茨投军落选，又被某些妇女及非职业的新兵所侮辱，引起忧念，因而自杀。

　　据说他在十月间曾要求参军，但因心脏衰弱没有及格。据他的妻子说，这件事已使他灰心，再加他忧念自己的心脏病或将使他的司机执照被取消。同时，他又为了一个孩子的危险疾病而忧虑。

　　他的一个当兵的亲戚说，死者的生活变得'十分痛苦'，因为有些妇女为了他不曾参军而嘲弄他并称他为懦夫。就在几天以前，麦达维尔（伦敦西部帕丁顿地区的一个住宅区。——译者注）的两个妇女还辱骂他为'讨厌的东西'。

　　验尸官怀着热情说，这些妇女的行为是令人可厌的。他又说，妇女们对于个人的情况毫无所知而听凭她们去使得那些尽自己职务的人的生活变为不可忍受，这是一件丑恶的事情。说也可怜，她们竟没有更好的事情可做。这里的一个人也许就是被一群无知的妇女所逼死的。他希望不久有些措施，对于这样的行为加以制止。"［《每日新闻》(*Daily News*），1915年7月26日］

且也需要一种宽容的舆论，要消灭一种属于本能的好管事的邻居们的习性。这种习性，在表面上是拥护一种高尚的道德标准，而骨子里使善良的人们在不知不觉之中放纵了一种偏向残忍和迫害的本性。希望别人不好，就它的本身来说，并不是想自己好的一个良好的理由。但是，在这一点没有被认识以前，只要国家能够制造舆论，除了极少数具有革命性的事例以外，必须把舆论算为国家权力的一定部分。

在本国国境以外的国家权力，主要是从战争或战争的威胁得来的。某些权力可以从诱导国民作贷款或拒绝贷款中得到，但是同用陆军和海军得到的权力比较起来，它显得不重要了。国家的对外活动，除极少数微不足道的例子外，都是自私的。有时候，因为需要保持他国的善意，把自私的程度缩小，但这仅是改变运用的方法，并未改变所追求的目的。所追求的目的，除了纯粹的国防以外，一方面是得到机会把软弱和不文明的国家作顺利的剥削，另一方面是追求权力和威信，认为它们虽然比不上金钱那样的物质利益，但是比金钱更为光荣。为了追求这些目的，任何国家都毫不迟疑地把无数的外国人置于死地，因为他们的幸福同剥削和屈从是不能并存的，或认为有造成恐怖的必要，从而把人家的国土加以蹂躏。除了目前这次战争以外，最近的 20 年内，许多小国这样做，大国方面，除奥地利外，全都这样做。[①] 就拿奥地利来说，只是没有机会，并非没有这种心愿。

人们为什么同意于国家的权力呢？这有许多理由，有些是传统的，有些是眼前的迫切的理由。

服从国家的传统理由，是个人对于元首的效忠。欧洲的国家是在封建制度下产生出来的。它们本来是封建主所拥有的几个疆域。但是，这个服从的来源已经腐朽，现在除了日本及程度上较浅的俄国以外，没有多大的重要性了。

种族的感情经常支持对于元首的效忠，现在仍然和过去一样的强烈，而且现在成为国家权力的主

[①] 英国之于南非，美国之于菲律宾，法国之于摩洛哥，意大利之于的黎波里，德国之于西南非洲，俄国之于波斯及"满洲"，日本之于"满洲"。

要支柱。几乎每一个人认为与自己的幸福有重要关系的是感觉到自己为一个人群中之一员，而这个人群由于有共同的友谊与仇敌而有生气，并且团结一致以从事于防卫和进攻。但是，这些人群可以分为两类：有些在本质上是家族的扩大；另有一些是根据一个有意识的共同目标。民族属于第一类，而教会属于第二类。有时候，人们深深地受着信条的支配，于是民族间的界线渐渐泯灭，正像宗教改革以后，人在宗教战争中所做的一样。在那样的时候，共同的信条比较共同的民族性成为更有力的维系。在现代的世界中，随着社会主义的兴起，也有同样的事情发生，只是范围比较小得多。不相信私有财产和感到资本家是真正的敌人的人们之间，有一个超出民族界线的维系。这个维系还不够坚强，不足以抵抗这次战争所激起的热情，也使社会主义者所有的感情没有其他人所有的那样的热烈；并且使他们抱一种希望，等到战争终了以后，在欧洲可以重新建设起一个社会来。但是从大体上说来，普遍的不相信那些信条，使种族的感情获得胜利，因此使民族主义比历史上任何一个时期为强烈，少数虔诚的基督教徒和少数真诚的社会主义者，在他们的信条中找到一种力量足以抵抗民族感情的侵袭，但是他们的人数太少，不足以影响时事的潮流，或者甚至于不足以引起政府的严重不安。

由一个民族组成的国家，它的统一，主要是从种族的感情产生出来的，但是它的力量不仅仅是由民族的感情产生出来的。它的力量主要是两种恐惧的结果，这两种恐惧都不是没有理由的：对内有犯罪和无政府的恐惧，对外有侵略的恐惧。

在一个文明的社会里，内部的秩序井然，是一个很大的成就，主要是从增长的国家权力产生出来的。如果和平的国民经常会遭到抢劫和杀人的威胁，那将造成不便。如果冒险的人们，为了掠夺，可以组织私人的军队，文明的生活将几乎不可能存在。这些情况在中世纪里存在着，不经过一个大的斗争是不会消灭的。有许多人这样想——特别是有钱的人，他们从法律和秩序方面得到了最大的好处——国家权力如果加以任何的缩小，那将会带来一种普遍的无政府状态。他们把罢工看作解体的预兆。他们见到法国总工会（Confédération Générale du Travail）和世界工人协会（International Workers of the World）等组织而感到恐怖。他们记得法国革命，并且觉得要保全他们肩上的头颅，不能算是一种不自然的愿望。他们特别惧怕对于私人犯罪像破坏和政治暗杀等行为似乎加以原谅的任何政治理论。他们认为，除了维持国家的权力和相信对于国家的一切抗拒是罪恶的以外，就没有避免这些危险的保障。

对内部危险的恐惧，因外部危险的恐惧而趋于高涨。每一个国家在任何时候都有遭到外国侵略的危险。到现在为止，除扩大军备以外，还没有策划出足以减少这种危险的任何手段。但是，名义上为击退侵略用的军备，也可以用来侵略。因此，用作减少对外恐惧的手段，反而发生增加恐惧的效果，并且一旦战事发生，战争的破坏性就会大大地增加。这样一种恐怖的统治，已变为世界性的，而国家在任何场合都带有"公安委员会"（Comité du Salut

Public）的某些性质。

在目前的情况之下，由国家所发展出来的种族感情是自然的，国家所借以产生力量的恐惧是合理的。除此两者之外，一个民族的国家的力量还有第三种来源，就是爱国主义的宗教的一面。

爱国主义是一种极为复杂的感情，它是由原始的本能和高度理智的信念建立起来的。由于对家庭、家属及朋友的爱而使我们特别想保全我们自己的国家，使它不受侵略。由于对本国人有温和的本能的喜爱而不喜爱外国人。有同我们自己感觉到所属的社会的成功相结合的骄傲。有一个由骄傲所引起而由历史所加强的信仰：这个信仰认为一个人自己的民族代表一种伟大的传统，并且代表对人类有重大关系的理想。但除了这一切，还有一个，既高贵又容易受攻击的因素，那就是一个关于崇拜、愿意牺牲和愉快地把个人的生命融入民族的生命里去的因素。爱国主义这一宗教因素，对于国家的力量是非常重要的，因为它能号召大多数人中的最好的一部分人去为国牺牲。

爱国主义里的宗教因素，是因教育而得到加强的，特别是关于本国历史和文学的知识，假如并不兼有大量关于外国历史和文学的知识。在每一个文明的国家里，对于青年的一切教导，都强调了他们本国的优点和其他国家的缺点。举世公认，人对于自己的民族，因为它是优越的，所以在争论之中应该得到支持，不管这个争论是怎样发生的。这个信仰是如此的真实和深刻，足以使人忍耐地甚至几乎愉快地忍受由战争所带来的损失、艰难和痛苦。它像一切受人诚心信仰的宗教一样，能给人一种关于生命的远景，其根据在于本能，但已起了升华作用，能使人效忠于一个比任何个人目的更大的目的，但其中包含着许多好像溶化在一起的个人目的。

把爱国主义作为一种宗教是不能令人满意的，因为它缺乏普遍性。它所注重的利益只不过是自己民族的利益，而不是一切人类的利益。爱国主义在一个英国人里面所激起的愿望，同它在一个德国人里面所激起的愿望是不一样的。一个充满了爱国者的世界是一个充满了斗争的世界。一个民族信仰的爱国主义越深，越会变得发狂似的漠视其他民族所遭受的损害。人一旦学会了把自己的利益服从一个更大的整体的利益，就没有坚强的理由可以终止人类的绵延。因为民族的骄傲的掺入，所以实际上很容易使人的对于牺牲的冲动只限于自己的国境为止；就是这个掺入毒害了爱国主义，使它作为一种宗教比其他以拯救整个人类为目标的信仰显得低级了。我们爱自己的国家胜于爱其他国家，这是无法避免的。我们也没有理由必须加以避免，正像我们不能以同样的程度去爱一切个别的男女一样。然而，任何完善的宗教，将会引导我们用正义的爱来调剂爱的不平等，并且为了实现人的共同需要而把我们的目标普遍化。基督教曾在犹太教里引起了这种变化。任何纯粹民族主义的宗教，在清除它的毒害以前，也必须实行这种改变。

在实践中，爱国主义有许多其他的敌人与它竞争。当人经过旅行和教育对于外国有了更多的知识以后，世界主义必然会生长出来。另有一种个人主义也在不断地增长之中，它认为每一个人应该有尽量的自由来选择他自己的目标，不能因为偶然的地理关系而被迫去追求一些由社会所强加于他的目标。社会主义、工团主义和反资本主义的运动，一般地都有反对狭隘的爱国主义的倾向，因为它们使人们懂得现在的国家大多数只注意于保护富人的特权，而国际间的许多冲突都起因于少数财阀的财政利益。这一种对立，也许是暂时的，在工人夺取权力的斗争中，只是一件小事情。澳洲，在工人觉得胜利已经巩固之后，由于决心排斥外国工人分享权利，就充满了爱国主义和军国主义。英国如果变为一个社会主义国家之后，也可能发展出一种相似的民族主义，但是这样的民族主义可能是纯粹防卫性的。对外侵略的计划，会使采用它的国家遭受到生命财产上很大的损失，因此它将不易被人提出，除非是这样一些人，他们的统治的本能，被由私有财产和资本主义制度得来的权力所激励而尖锐化了。

在现代世界里，由于国家权力过大，所造成的罪恶也很大，但却很少被人认识到。

国家所造成的主要损害，在于促进战争的效率。

如果一切国家增强他们的力量；权力的平衡不会改变，任何国家不会比从前有更多获胜的机会。当攻击的手段存在时，即使他们原来的计划是防卫性的，也迟早会使跃跃欲试的诱惑变成压倒一切的力量。这样，原为促进国内安全的措施，将促成其他地方的不安全。国家的本质是镇压内部的暴力和便利对外施用暴力。国家把人类和我们对人类的义务加以完全人为的分裂：对于一群人，我们要受法律的约束，对于另一群人，只须用强盗式的聪明。国家所以变成罪恶的，是由于它的排外作用，也由于它一走上侵略战争，就成为一个凶手和强盗的集团。现在的制度是不合理的，因为对外和对内的无政府状态，要说对就全对，要说不对就全不对。但有人加以支持，因为既然还有别人在采用它，那么只有这条道路是安全的，并且走了这条路，能获得胜利和统治的快乐，这些事情在一个良好的社会里是无法取得的。如果人们不再寻求这些快乐，或者不可能再得到这些快乐，那么如何保持安全而不受侵略的问题也不难解决了。

　　除了战争以外，现代大国的害处还在于它的范围广大及从而产生的个人无能为力的感觉。一个国民如果对国家的目标不表同情，除非他有奇才，否则他无法说服国家来采取他所认为较好的目标。即使在民主国家里，一切问题，除极少数的事情以外，都是由一小撮的官吏和重要人物决定的。就是少数提交公民表决的问题，也是决定于分散的群众心理，而不是决定于个人的创见。在美国这样一个国家里，这样的情形特别明显。美国虽然是一个民主国家，在一切大的问题上，大多数人都有一种几乎完全无能为力的感觉。在这样一个大国里面，人民的意志好像是自然界里的一个力量，为任何个人所不能掌握的。这种情况，不但在美国，在其他大国里，也同样地使人感到厌倦和失望，像我们联想到罗马帝国一样。现代的国家，和古代希腊或中世纪意大利的小城市国家不同，个人的创见没有地位，也不能在大多数人里，发展出一种能够掌握自己政治命运的感觉。在这些国家里，获得权力的少数人是具有非常的野心，渴望统治权，而又善于甘言诱惑及长于应付的人。其余的人，都因自知无能为力而退缩。

　　现在仍有从古代君主政体时代的国家观念遗留下来的一种奇怪的信仰，认为如有一部分人要想脱离国家就是别有恶意。如果爱尔兰或波兰要想独立，就有人认为这种愿望显然必须竭力拒绝，如果为此而有所图谋，必须加以叛逆的罪名。我所能记得的相反的事例只有一个，就是挪威同瑞典的分离。这件事虽然得到赞扬，但也没有被提倡。在其他的事例中，只有战争失败，才能使国家割让土地；虽然这样的态度是理所当然的，但如果那个国家可以看到更好的前途，它还是不愿采取这种态度的。采取这种态度的理由，是因为几乎一切大国都以获得权力为目标，特别是战时的权力。战时的权力，常因把不愿意的国民也包括在内而格外增长。如果真把国民的幸福作为前提，那么某一地区应该包括在内还是应该让它单独成立一个国家，这一问题应该让某一地区自由决定。这个原则如被采用，那么战争的主要原因之一就可以消灭，而国家的最暴虐的因素之一也可以消除。

国家造成危害的主要原因，是由于国家以权力为主要目标。这不是美国的情况，因为美国没有被侵略的危险；[1] 但是在其他的大国里，国家的主要目的是尽可能得到最大的对外的力量。为了这个目的，国民的自由受到削减，而反对军国主义的宣传要受到严厉的处罚。这个态度的根源，在于骄傲和恐惧：因为骄傲所以拒绝和解，因为恐惧，生怕外国骄傲的结果会和我们自己的骄傲相抵触。这两种感情（它们决非一个寻常人的全部政治感情），竟会如此完全地决定一国的对外政策，似乎是历史上的偶然事件。没有骄傲不会产生恐惧：一国的恐惧是因为意料到别国有骄傲。统治的骄傲，除用武力或武力的威胁以外，不愿用其他方式来解决争端，这是心理上的一种习惯，这种习惯因拥有权力而得到很大的鼓舞。某些人长久习惯于使用权力，会变成官僚而容易与人吵闹，不会不把同等的人看作敌手。大家知道校长们开会，往往比大多数其他类似的团

---

[1] 这是在 1915 年写的。

体开会时，容易发生意见分歧，因为每一个校长把别人当作自己的学生看待，其他的校长因而恨他，他又转过来恨他们。惯于使用权力的人，特别不宜与人作友谊的协商；但是国与国之间公事上的来往，主要是掌握在本国拥有大权的人手里。在行使实权的君主国里，尤其如此。在寡头政治的国家里，这种情况少些，在接近真正民主的国家里更少些。但是一切国家里都有这种情况，而且达到相当大的程度；因为内阁总理和外交部长一定是有权力的人。对于这种情况如要加以补救，第一步必先使普通国民真能注意到外交事务，并且极力主张民族的骄傲不应该去危害到他的其他利益。在战争中，他受到鼓舞的时候，愿意为了骄傲而牺牲一切；但是在和平的时候，他比起有权力的人，大大地容易认识到外交事务像私人事务一样，应该根据原则，和平解决，不应该野蛮地用武力或用武力的威胁来解决。

政府里有实权的成员，由于他们个人的偏见而发生的结果，在劳工的争论中可以看得很清楚。法国的工团主义者断言：国家不过是资本主义的产物，是资本家在劳资冲突中所使用的武器之一。即使在民主国家里，也很可以证实这种观点。在罢工中常用士兵来镇压罢工者；资方的人数虽然少得多；但实行压制要容易得多，因为士兵从来不会被使用来反对他们。当劳工纠纷使一国的工业瘫痪的时候，虽然责任显然属于双方，但是只把工人认为不爱国，而不责备资方。政府方面采取这样的态度，其主要原因在于组成政府的成员，或由于他们的出身，或由于他们的成功，跟大资本家属于同一个阶级。他们的偏见和他们的社会关系相互结合，使他们从富人的观点来看罢工和停工。在一个民主国家里，为了舆论和为了缓和政治上的支持起见，部分地纠正了这些财阀的影响，但是这种纠正毕竟只是部分的。这种使政府对劳工问题的观点发生偏差的影响，也能使他们对于外交事务的观点发生偏差，而在这方面的害处更大，因为普通的国民在这方面更少办法来达到一种独立的判断。

国家过高的权力，一部分是通过对内压迫，但主要是通过战争和战争的恐惧，这已成为现代世界痛苦的主要原因之一，也是使人沮丧的主要原因之一，以致使人的智力不能获得充分的发展。如果不是像罗马帝国时代一样，要使人们陷入失望之中，那么一定要想出些办法来纠正这种过高的权力。

　　国家有一个目标，整个说来，是好的，那就是在人们的关系中用法律来代替武力。但是这个目标，只有通过一个世界性的国家才能得到充分的成功，没有这样一个国家，国际关系是不会听命于法律的。法律虽然比武力好，仍然不是解决纠纷的最好的方法。法律太死板，太偏于腐朽这一边，而属于生长的一边太少了。假如法律在理论上说来是最高的，那么它必须时常经内部的革命和对外的战争来加以调剂。唯有愿意继续不断地根据当前力量的均势来改变法律，才能防止革命和战争。如果这件事办不到，诉诸武力的动机迟早会变成不可抗拒的。一个世界性的国家或是国家的联合，如果要成功，在解决问题的时候，不应该用像海牙法庭所用的那些法律准则，而应当尽可能地在用战争来决定的那种意义上加以解决。权力的作用，应该使诉诸武力成为不必要，但不应该作出同用武力来得到的决定具有相反的性质的决定。

或者有人认为这种观点是不道德的。他们可能认为文明的目标是要保障正义而不是要使强者得胜。但是这种对比的说法，如果听其成立，就忘却了所谓爱正义的本身就会运用武力。一个立法机构要想解决一个问题，而解决的时候宛如有人诉诸武力时那样来解决，必然会顾到正义，假如正义是这样显著地在于一方，使没有利害关系的第三者也愿意参加争端。如果在伦敦街头有一个强者殴打一个弱者，力量的平衡是在弱者这一边，因为即使没有警察在场，偶然的过路人也会停步下来保护弱者。如果说这是强权与公理的斗争，同时又希望公理获胜，这纯是欺人之谈。如果这真是一场强权与公理的斗争，就**意味着**公理将会被击败。用这样的成语时，隐隐地含着一种意思，就是说人的正义感使强者更强。但是人的正义感是非常主观的，并且只是决定力量优势的一个因素。所以立法机构最好不要用它的个人正义感来决定问题，而应当采取一种方式使诉诸武力成为不必要。

在研究过什么是国家所不应该做的事情之后，现在要谈谈什么是国家应该做的事情。

除了战争和保持内部的秩序以外，国家还有更积极的机能。有些已经做到了，还有些也是应该做的。

关于这些积极的机能，我们可以定下两个原则：

第一、在有些事情里，整个社会的幸福取决于几乎普遍地达到某种最低限度的要求，在这些事例中，国家有权坚持达到这种最低限度的要求。

第二、在有些方面，国家如果只主张维持法律而不再有进一步的措施，那么就会使有些不公平的事情继续存在，而这只能由被害人的愤怒加以防止。这样的不公平应该尽可能地由国家来防止。

最显著的一个例子可以说明在一件事情里，大众的幸福取决于达到一个普遍的最低限度的要求，就像卫生和防止传染病。一个人患了时疫，如果不加注意，可能造成全社会的灾害。谁也不能根据关于自由的一般理由而主张患了时疫的人可以听其自由把传染病传开去。其他像排除污水问题、伤寒症的通知问题以及类似的问题，应该同样地加以考虑。妨害自由是一个罪恶，但是在某些事例中，妨害自由的罪恶比较小，自由所造成的疾病传布的罪恶大。用消灭蚊虫的方法来消灭疟疾和黄热病恐怕是最能说明这样做有好处的一个例子。但是得到的好处如果小，或者是有疑问的，而妨害自由的情节大，那么与其受到科学上的专制，不如容忍一定量的可防止的疾病。

　　义务教育可以和卫生归入一类。一国的人民中间，如果大多数人没有知识，对于整个社会是有危害的；如果有相当大的百分比都是文盲，那么整个政府机构对于这样一个事实，应该加以重视。一个国家里如果有许多人不识字，那就不可能有现代式的民主。但是在这方面，不像卫生措施那样，需要有绝对的普遍性。吉卜赛人的生活方式，几乎使教育当局对他们无从措手，不妨听之任之，作为一个有趣的例外。但除了这种不重要的例子外，义务教育的论据是不容否定的。

　　现在国家对于儿童的关怀，不是做得太多而是

做得太少。儿童是不能照顾自己的利益的，而家长
的责任在许多方面是不恰当的。那是显然的，唯有
国家才能够坚持使儿童得到最低限度的知识和健康。
以目前而论，社会的良心在这方面是感到满意的。

　　鼓励科学研究又是国家权力范围内应做的另一
件事。因为发明的利益归之于社会，而调查研究的
工作，需要用钱很多，但是个人对于能够达到什么
结果是不会有一定的把握的。在这件事上，英国比
其他文明国家落后了。

　　国家所应有的第二类权力，是在于减少经济上
的不公平的那些权力。社会主义者所强调的也就是
这一类。法律创造了或便利了垄断事业，而垄断事
业可以向社会横征暴敛。最显著的例子是土地私有
制。铁路现在是由国家掌握的，因此运费是由法律
规定的。显然，如果铁路不归国有，它们的权力将
达到危险的程度。① 这样的考虑，如果孤立起来看，
那么可以说全部社会主义是对的。但是公平，据我

---

① 　如果在工团主义者的统治之下，情况也将和今天一样。

想，它的本身正像法律一样，太死板，不能成为最高的政治原则：在它已经建立起来之后，就不再包含新生命的任何种子或促进发展的任何动力。为了这个理由，当我们要纠正一种不公平现象的时候，我们必须慎重考虑究竟这样做了会不会损害某种生气勃勃的行动的鼓舞力量，因为生气勃勃的行动，整个说来，是对于社会有用的。据我看来，这样的行动是从来不会与土地私有制或任何经济上租金来源的私有制结合在一起的。如果确然如此，那么国家应当是主要的收租人。

如果这一切权力都归之于国家，那么怎样可以把个人自由从国家的专制里救出来呢？

这仅是一个总的问题里的一部分。凡是依然关心到激起自由主义的理想的人们，都面对着这样一个总的问题：怎样把自由和个人创造性同组织结合起来。政治和经济是越来越多地被大的组织所支配。面对着这些组织，个人有成为毫无权力的危险。国家就是这些组织里最大的一个，也就是对自由的最严重的威胁。虽然如此，似乎国家的机能中有许多还得加以扩大而不是缩小。

有一条路可以把组织与自由结合起来，这就是保障自愿性质的组织的权力。这些组织的成员，都是自愿加入的，因为它们体现了全体会员所一致认为重要的某种目标。这种目标不是偶然加上去或是用外力加上去的。国家是以地理区域为依据的结合，所以不能算为一种完全出于自愿的结合，但正是为了这个理由，所以必须有一种强有力的舆论来限制国家，使它不致粗暴地使用它的权力。要获得这种舆论，在多数的事情上，只能依靠具有一定的共同利益或共同愿望的人团结起来。

国家，除了维持秩序以外，还有其他积极的目标。这些目标的贯彻，不是靠国家本身来做，而应当尽可能地由独立的组织去做。只要这些组织能够满足国家的最低限度的要求，应该听其完全自由。在初等教育方面，目前已在一定的范围内这样做了。各个大学，也可以认为代替了国家办高等教育和研究工作，只不过没有对它们提出最低限度的要求。在经济领域内，国家应该加以控制，但也应该让人发挥他们的创造性。理应大大增加发挥创造性的机会，使每一个人能发挥他的最大的创造性。不然的话，就会产生普遍的无能为力和消极的感觉。应该经常努力把政府的更积极方面的工作，让自愿性质的组织去掌握，国家的目标只在于要求效率，和保证在国内外用和平方法来解决纠纷。和这个相结合的，应该是尽可能容忍例外，而尽少要求一律的体制。

有许多事情可以通过地方政府按各行业和各地区去完成。这是工团主义的最具有创造性的思想。当社会企图对于其成员中某些阶级施行专制的时候，这种思想具有加以约束的价值。一切有力的组织都体现着一部分的舆论，像产业工会、合作社、自由职业团体以及大学等，都被作为自由的保障和发挥创造性的机会而受人欢迎。必须有一种有利于自由本身的强有力的舆论。过去对于思想自由和言论自由的斗争，有人认为已经肯定地得到胜利，现在还得重新再作斗争，因为大多数人只愿意把自由赋予恰巧是群众性的意见。制度不能保全自由，除非人们认识自由的宝贵而自愿尽力地使它活着。

传统上反对任何的"国家之内有国家"，但这仅是由于专制君王的嫉妒。事实上，现代的国家里包含着许多组织，除出很少时候激起舆论的反对，国家是无法击败它们的。劳合·乔治先生为了"保险法"跟医药界的长期斗争充满了荷马式的 ① 命运的波动。1915 年，威尔士矿工击败了国家的全部权力，全民激动，做他们的后盾。至于资本家，没有一个政府会梦想到跟他们发生冲突。当其他阶级都受爱国主义所激动的时候，独有他们可以享受 4.5% 以至更高的利息，来慰藉他们。各方面都很了解，如果想唤起他们的爱国主义，简直是不识时务。如果想用撤去警察保护的威胁来强索他们的钱，那是违反国家的传统的。并非因为这样的措施难以办到，只是因为事实上巨大的财富赢得我们大家真心的羡慕，因此我们不忍想到一个大富翁会受到无礼的待遇。

国家中有坚强的组织，像产业工会，这并没有什么不好，除非是从官吏的观点来看，因为他们想

① 荷马的著作中含有命运的波动的事例。——译者注

行使无限制的权力，或是敌对的组织，像雇主公会，这些组织都希望对手方面的组织趋于瓦解。由于国家的广大，大多数人在发挥政治创造性方面，很少有出路，除非通过为特殊目标而组织起来的低级组织。如果政治创造性找不到出路，那么人们的社会干劲和对于公共事务的兴趣会归于消失。他们会变成贪污舞弊的幕后牵线人的俘虏，或被感情贩卖者所俘获，因为他们善于抓住人的疲倦而无所归宿的注意力。为治疗这种病症起见，应该增加而不是减少自愿性质的组织的权力，使每一个人都有一个政治活动的范围，这范围虽然小，但对于他的兴趣和才能是足够的。至于国家的机能，应尽可能限制于维持敌对的利益之间的和平。国家的最大的功绩，是防止私人在国内运用武力。国家的最大的罪过，是促使在国外运用武力，又因它的范围广大，使得每一个人都感到自己无能为力，甚至在民主国家里也是如此。在下面一讲里，我还要重新谈到防止战争的问题。要防止个人无能为力的感觉，不能靠走回头路，回到小型的城市国家。这样的想法是反动的，正像希望回到机器时代以前的日子一样。要做到这一层，必须采用一种顺着当前潮流的方法。这样一个方法，应该把积极的政治创造力愈来愈多地下放到为特殊目标而自愿组织起来的团体里去，使国家的地位成为一个联合的权力机关或仲裁的法庭。国家将专事解决敌对利益之间的**某些**问题。谋取正当解决的唯一原则，是寻求一种方案，就整个来说，最能为有关各方所接受的。这就是民主国家自然趋势的方向，但为战争或战争的威胁抛出轨外，则是例外的事情。只要战争还成为日常迫切的危险，国家就依然是一个莫洛克①，有时要求个人牺牲生命，而经常为着霸权同别国作无益的斗争，以致牺牲了个人的自由发展。在内部事务上与对外事务上一样，战争是自由的最坏的敌人。

———————————

① Moloch，以儿童为祭品的古腓尼基人的火神。——译者注

第三章
战争作为一种制度

尽管大多数的国家在大部分的时间里是处在和平状态之中，战争在一切自由的社会里还是一种永久的制度，正像议会是我们的永久制度之一，尽管它不是经常召开的。我所要考虑的，就是当作一种永久制度的战争：为什么人们容许战争；为什么人们不应该容许它，有什么可以希望人们将来会不容许它；人们怎样能够废除战争，如果他们愿意这样做的话。

战争是两个集团之间的冲突，每一方面都想把另一方面的人尽可能地多加杀伤以求达到自己所要求的目的。这种目的，通常是权力或财富。把权威施于他人身上是一种快乐，利用人家的劳动来过生活也是一种快乐。战争的胜利者比较被征服者能多享受这些快乐。但是战争正像其他出于本性的活动一样，其促进的力量是由于对活动本身的冲动比较大，而由于所抱的目的比较小。人们往往希望达到一种目的，却不在于目的本身，因为他们的本性要求着那种可以引导到这个目的的行动。所以，在这里也是如此：由战争来达到的目的，从远景来看比它们实现之后显得重要得多，因为战争本身使我们本性的一个方面得到满足。如果人们的行动发生于真能带来幸福的愿望，那么纯粹理性的反战论据早已把战争消灭。战争之所以难于制止，就因为它发生于一种冲动，而不是从计算战争的好处上发生的。

战争同警察的使用武力不同，因为警察的行为是由中立的权力命令他这样做的，而在战争中，是有争端的两造本身在运用武力。这种区别也不是绝对的，因为在国内骚乱中，国家也不是经常完全中立的。当罢工者被击毙的时候，国家是站在富人的一边。跟当前的国家有相反的意见因而被处罚的时候，国家显然是有争端的两造之一。从压制个人意见一直到内战，其间可能有许多不同等的情况。但就广义说来，根据整个社会事前制订的法律而行使武力，比较一个社会对另一个社会运用武力时，一个社会是唯一的裁判者的情况，是有区别的。我所以要讨论这个区别，因为我想警察的使用武力是不能完全废除的，我并且想在国际事务上如果能用相似的方式来运用武力，那就是永久和平的最好的希望。目前，国际事务上受到一条原则的约束，即一个国家除和它本身利益有关以外，不得干预别国的事务：外交上禁止干预别国事务的惯例，纯粹是为了维持国际公法。当美国公民受到德国潜水艇的攻击而溺毙的时候，美国可以提出抗议，但如果没有美国公民在内，它就不可以抗议。如果在国内的事务上也是这样，那么警察对于杀人案件一定要有警察被杀才能干涉。国际关系方面，这样的原则一天不废除，就一天不能有效地运用中立国的权力来防止战争。

在每一个文明国家里，有两种力量合作着来产生战争。在平时，某些人——常占全国人口的很小部分——是好战的。他们预言战争，他们对于将来的战争显然没有不快的感觉。只要战争还没有迫近，大多数人民对这些人是不注意的，既不积极支持，也不反对他们。但是一旦战事迫近，战争的热狂支配了人民，于是早先已是好战的人发现，除了微不足道的少数人以外，其余一切人都热烈地支持他们。激发战争热狂的冲动，跟在平时激发少数好战分子的冲动是不同的。在平时，只有知识分子可能是好战的，因为唯有他们对于别国的情形知道得很清楚，也唯有他们知道自己的国家在国际事务方面将扮演什么角色。但是把他们同知识较浅的同国人比较起来，他们之间只是知识上的不同，而不是本性上的不同。

举一个最显明的例子，大战以前几年中，德国的政策是不反对战争的，也是和英国不友好的。这种政策究竟从什么样的心理状态产生出来的，是一个值得了解的问题。

指导德国政策的人，在开头的时候，其爱国心所达到的程度，在法国和英国是几乎没有人能了解的。在他们看来，毫无疑问，只有德国的利益是他们所应当注意的。在追求这些利益的时候，对于别国将会受到怎样的损害，对于人民和城市将遭到怎样的破坏，对于文明将会带来怎样不可补偿的损失，他们都不加考虑。只要他们能做到自己认为对于德国有利的事情，其他一切都不关心。

关于德国政策值得注意的第二点，是它对国家幸福的概念主要是带有竞争性质的。不论在物质方面或精神方面，德国统治者认为重要的，不是德国内部**实在的**财富，而是和其他文明国家互相竞争之下**比较的**财富。为了这个理由，把国外好的东西加以破坏，在他们看来，几乎同在德国创造出好的东西来一样的需要。在世界上大部分地区，法国人被认为是最文明的民族：他们的艺术、他们的文学和他们的生活方式对于外国人有一种吸引力，而德国人在这些方面是缺乏这种吸引力的。英国人发展了政治上的自由，他们能用最低限度的压制来维持一个帝国；这种方式方法，是德国人直到现在还没有具备的才能。这些是引起嫉妒的理由，因为嫉妒，所以要想把别国的好东西加以毁灭。德国军人判断得很不错，他们认为经过一次大战，法国和英国的最好的东西就会被毁灭掉，即使英法两国在实际战争中最后不会打败。我曾经看到一张在战争中阵亡的法国青年作家的名单。恐怕德国当局也曾看到，而且他们一定很高兴地想到，再有一年的这样的损失，可以把一代的法国文学加以毁灭——也许会由于传统的丧失，而永远被毁灭。每一次在我们好战的报纸中表示的对自由的愤怒，每一次鼓动对没有防护的德国人进行迫害，每一次关于我们的态度更趋于凶暴的表示，德国的爱国者读到了都一定高兴，他们认为，这证明他们想夺取我们的最好的东西和强迫我们仿效普鲁士最坏的东西，已经得到了成功。

但是，德国统治者对于我们妒忌得最厉害的是权力和财富——从控制海洋和海峡所得到的权力和从一世纪来工业占优势所得到的财富。他们感觉到在这两方面他们的功绩比我们高。他们对于军事和工业组织曾经用了很多的思想和工夫。他们的平均智力和知识也高得多；他们团结一致，充分准备，来追求可能达到的目标的才能也非常之大。但是只因为我们（照他们的想法）在竞赛之中起跑在先，所以能够建成一个远较他们为大的帝国，并且掌握了要庞大得多的资本。他们觉得，这一切是不堪忍受的；非经过一次大战，否则无法加以改变。

除了这一切感觉以外，许多德国人，特别是那些了解我们很深的德国人，为了我们的骄傲而对于我们有一种热烈的仇恨。正如乌勃提的法利那太①巡行地狱时所说："对于地狱的威权似乎表示一种极大轻蔑"，根据德国人的记载，被俘的英国军官在俘获他们的人中昂首四顾——他们态度傲慢，与人远离，好像把敌人当作有毒而肮脏的动物，像蟾蜍、蛞蝓或蜈蚣之类。这些东西，人是不愿碰的，如果不得不碰，那就会立即感到厌恶，把手撤回。我们不难想象，魔鬼们怎样痛恨法利那太，他们要把比旁人所受的更大的痛苦加到他的身上，希望他能稍一低

---

① 引自但丁的《神曲》。——译者注

头来注视他们；如果他依然目空一切，好像没有看见他们一样，那将使他们愤慨到极点。就是这样，德国人因为我们精神上坚定不移而感到狂怒。我们在心底里也曾经把德国人当作天热时的苍蝇；认为他们是一种讨厌的东西，必须拂除他们，但是没有一个人想到会被他们打倒。当最初的必胜信念黯淡下来的时候，我们的内心开始被德国人所打动。如果我们在军事上继续失败，我们会及时认识他们也是人类，不仅仅是一种可厌的事物。然后，我们也许会用另一种恨法来恨他们，他们也没有理由像以前那样地回恨我们。假如从这样一种恨出发，双方真正**和解**的路就近了。

如果要使将来的世界不像现在那样可怕，一个问题必须解决，那就是怎样使各国不再陷入像英德两国在战争刚爆发时那样的心情。这两个国家，在那时候几乎可以当作骄傲和妒忌的神话式的代表——冷酷的骄傲和狂热的妒忌。德国曾强烈地指摘英国，说道："你英国臃肿而老朽，你遮住了我的整个的生长——你的枯枝使太阳照不到我，使我得不到雨水的滋养。你展开的树叶必须砍掉，你和谐的美丽必须毁灭，才能使我也可以有生长的自由，使我青春的活力，不再受你一堆腐朽的东西所阻碍。"英国听了觉得不顺耳，但对之冷淡，他一点也不意识到外界力量的要求，心不在焉地希图扫除那突然而起的对他的沉思的扰乱者；但是那个突然而起的扰乱者没有被扫除，而且现在看来，他的要求还有些得到满足的希望。一方的要求和另一方的拒绝是同样的愚蠢。德国没有好的理由来妒忌，我们没有好的理由拒绝德国与我们继续生存不相妨碍的任何要求。将来有什么方法可以使这样相互的愚蠢纠正过来呢？

我想不论英国人或德国人，如果能从个人的幸福着想，而不从民族的骄傲着想，他们可以看到在战争中的任何时刻，最聪明的道路，是以可能得到的最好条件而立刻停战。我相信，这条道路无论对于每个单独的民族，或对于一般的文明，同样是一条最聪明的道路。在一个不利的和平中，敌人所能加予的危害，比起在继续战争中各国所加予自身的

危害来，是微不足道的。对于这样明显的事实，我
们之所以看不见，就是因为骄傲，骄傲使人不容许
承认失败，并且令人穿上理性的外衣，说出承认失
败之后会产生的种种危害来。但是失败的唯一真正
的危害是屈辱，而屈辱是主观的。如果我们相信从
事战争是错误的，不依靠统治世界而做些别的工作
比战争更好，我们就不会感到什么屈辱。倘使英国
人或德国人的心里能承认这一点，那么任何和平，
只要不妨害国家的独立，都可接受，而不致真正丧
失一个良好生活所必需的自尊心。

德国在刚踏上战争的时候所有的心情是令人可
憎的，但是这样的心情是由英国的习性所培养出来
的。我们因为我们的国土和财富而骄傲；我们准备
在任何时候用武力来保卫在印度和非洲的胜利果实。
如果我们能认识到帝国的无用，而不等到武力的威
胁就表示愿意把殖民地让给德国，或许我们所处的
地位足以说服德国人认识到他们的野心是愚蠢的，
并且要博得世界的尊敬，不是依靠帝国主义政策所
能做到的。但是我们的抵抗正表示我们和他们有着

共同的标准。我们已经占有在先，所以我们喜欢**维持现状**。德国人愿意作战来摧毁现状；我们愿意作战来阻止摧毁现状以免有利于德国。我们是这样地相信现状的神圣不可侵犯，以致我们从来没有体会到现状究竟对我们有怎样的好处，也没有体会到我们这样坚持这种主张要怎样分担战争的责任。在一个世界里，各国有成长，有衰落，力量有变化，人口会变得拥挤，所以要永久维持现状是不可能的，也是不适宜的。如果要保持和平，那么各国应该学会接受地图上的不利的改变，而并不感觉到一定要战败后才能这样做，或者认为以国土让给别人是一种耻辱。

合法主义者与和平的友人都坚持要维持现状，迫使德国走向军国主义。德国正和其他任何强国一样有权利要求一个帝国，但是它只有通过战争，才能得到。爱好和平同国际关系静止的概念的关系太密切了。在经济的争端中，我们大家知道工薪劳动者阶级的有力部分是反对"工业和平"的，因为他们觉得当前的财富分配不公平。那些享有特权的人，总想用呼吁和平的方法来维护他们的权利，而诋毁提倡阶级斗争的人。他们从来不曾想到，不问变革的是否有理而一味反对，资本家要分担阶级斗争的责任。正因为同样的道理，英国对于德国的战争要分担责任。如果真要停止战争，那么政治上的措施，一定要做到现在唯有靠战胜才能做到的结果，各国一定要自愿地承认中立国所认为公平的对方的要求。

唯有依靠这样的认识，把它体现在一个国际性的议会里，这议会有全权来改变国土的分配，这样，才能永远克服军国主义。现在的战争或许会在西方国家间带来一种心情和看法的改变，足以使这样一种制度成为可能。也许需要更多的战争和更多的破坏，才能使多数的文明人反抗现代战争的野蛮和没有意义的破坏。但是，除非我们文明的标准和建设思想的力量永远降低，我认为理性迟早会战胜现在导致国际战争的盲目冲动，这是没有疑问的。如果大多数的强国有决心要保持和平，那就不难设计一种外交机构来解决争端，还可以建立一种教育体系，在青年人的心灵中培养对于屠杀的不可磨灭的可怕印象，而不是像现在那样教他们去羡慕它。

除了导致战争的有意识的和经过思考的力量以外，还有普通人所有的不明晰的感情。在大多数的文明国家里，这些感情只要政治家的一声号召，就会爆发而成为战争的热狂。如果要使和平得到巩固，那一定要使人少受些战争热狂的侵袭。凡是要想在这方面获得成功的人，一定首先要了解什么是战争热狂，它为什么会产生的。

在世界上有重大影响的人，不管他们是为善或为恶，大概受一种三重性的愿望所支配。他们首先愿望有一种活动可以充分运用他们自以为特有的专长，其次是希望胜利地克服阻力，第三是愿望他人尊敬他们的成功。第三种愿望有时是不具备的：有些成为伟大的人物并没有"最后的弱点"，他们满足于自己的成功的感觉，或者单纯满足于经过辛苦努力得到的快乐。但是，通常这三种愿望都是存在的。有些人的才能是专门性的，所以他们选择活动也限于自己才能的性质。另有一些人在青年时代就有可能适合于多方面的才能，所以他们的选择主要是决定于舆论对于各种不同的成功所给予的不同程度的尊敬。

同样的愿望，常以不显著的程度存在于没有特别才能的人中间。但是这样的人不能依靠个人的努力来完成十分艰难的事情。他们以个体而论，不可能得到伟大的感情或者胜利地克服坚强的阻力。他们单独地生活，没有冒险性而且是迟钝的。早晨他们上办公室或下田耕作，晚上他们疲倦而静默地回到妻儿身边那沉静而单调的气氛中。他们相信安定最好，所以已经保了寿险，并且已经找到一个职业，没有被辞退的顾虑，也没有大升迁的希望。但是一旦得到了安定之后，就带来了厌倦的报应。大胆尝试、想象、冒险等也有它们的条件；但是一个平常的工资收入者怎样能够满足这些条件呢？即使有可能使它们得到满足，妻子儿女的要求应当优先考虑，切不可加以忽视。

对于这样一个为着秩序和良好组织而牺牲的人，在突然而来的危机的片刻之中，认识到他是属于国家的。他的国家可以冒险，可以从事于艰难的事业，可以享受对于不可知的战争的热情，可以刺激人去冒险，和想象到西奈山或伊甸乐园去作军事远征。在某种意义上，国家做什么，他也做什么；国家受什么苦，他也受什么苦。多年来在私生活中谨慎小心，现在粗野地投身于公共的疯狂里去，他受到了这样的一个报复。私下所学会而要完成的一切讨厌的职责，像勤俭、秩序和谨慎等等，对于公共事务都不适用。不顾一切的态度对于个人来说是罪恶的，但是为了国家，是爱国的，高贵的。过去的原始的热情，是为现代文明所否定的，但在压迫之下，却掀起了更强的浪潮。在一转瞬间，几世纪前的想象和本能又回来了。森林里的野人，从关闭他的思想牢狱里跑出来了。这就是战争热狂心理的比较深的部分。

但是战争热狂里，除了不合理的和本能的因素以外，同时常有一定量的似乎合理的打算，委婉说来叫作"思想"，也只能作为原始冲动的一个解放者。一个国家，除非它相信它有胜利的把握，否则很难为战争热狂所抓住。无疑地，在激动的影响之下，人们过高估计了他们成功的机会；但是通常所希望的东西和一个有理性的人所预期的东西之间是存在**一定**的比例的。荷兰同英国比，虽然在人道主义方面很相似，但是它没有为了比利时而作战的冲动，因为发生灾害的可能性是这样明显地压倒一切。伦敦的居民，如果早知道战争会如何发展下去，他们也不会像很久以前在 8 月银行假日那样地欢乐。一个国家新近获得战争的经验，并且已经体会到战争的痛苦永远比较战争开始时所预料的为深，非到下一代长成起来，它不容易再沾染战争的热狂。愿有战争的政府和新闻界，虽然他们承认战争热狂的合理因素，但只要看看他们一贯缩小他们所要挑起的战争的危害性，就可以知道了。当南非战争开始的时候，威廉·巴特勒爵士被撤职，显然因为他建议说 6 万人和 3 个月的时间不足以征服布尔共和国。等到后来，战争确实又漫长又困难的时候，全国又掉转头来反对制造战争的人。我想，在人事方面，我们不必过分强调理性的作用，可以说，在一个国家里，如果每一个神志清楚的人能看到战争失败的可能性很大，那么这个国家就不会染上战争的热狂。

这在事实上是重要的，因为胜利的机会如果很小，那么侵略战争就很不容易发生。如果爱好和平的国家变成十分强大，那显然能够击败希图发动侵略战争的国家，爱好和平的国家就可以结成联盟，对于拒绝把自己的要求提交国际会议的任何国家，联合起来打它。在这次战争以前，我们原来也可以希望通过类似这样的方式来保障世界的和平；但是德国的军事力量显示着我们的计划在目前是没有多大成功的机会的。也许在不久以后，由于美国政策的发展，这种计划将比较容易实现。

如果和平的意志坚强地存在于一切文明国家里，那么制造战争的经济和政治力量就容易控制。但是人民如果依然容易感受战争的热狂，那么为了和平而进行的一切工作都是靠不住的。如果战争的热狂激动不起来，那么政治和经济的力量就不能促成长期而破坏性大的战争。和平主义者的根本问题是怎样防止趋向战争的冲动，因为它常常能抓住整个的社会。要做到这一件，唯有在教育方面、社会经济结构方面以及舆论用来控制人类生活的道德典范方面，加以远大的改革。①

现在引导国家去从事战争的冲动中间，大多数在本质上与活泼而进步的生活有很大的关系。一个社会如果没有想象力，不爱冒险，那么不久就会变成一个停滞不进的社会，并且开始变为腐朽。斗争，假使不是破坏性和残酷的，为了刺激人们的活动，为了使活的东西战胜死的东西或纯粹传统的东西，是有其必要的。一个贤明的人，决不愿摧毁别人要使自己的主张得到胜利的志愿以及和广大人群团结起来的感情。只有产生死亡、毁灭和仇恨的事情的结果，才是罪恶的。问题是要控制这些冲动，不要使它们把战争作为它们的出路。

到现在为止，一切虚构出来的乌托邦都是愚蠢不堪的。任何人只要有一点力量，宁可活在这一个非常可怕的世界里，而不愿活在柏拉图的理想国里或者活在斯威夫特的"有理性的马群"中间。那些

---

① 这些改革，其本身是为人所需要的，不仅是防止战争罢了，以后各讲中，当再加讨论。

制造乌托邦的人们，是从一种完全虚构的所谓美好生活的假设出发的。他们认为可能想象出某种社会状态和某种生活方式，一经产生，便永远是好的，而且可以永久延续下去。他们没有认识到，人的幸福绝大部分是依靠活动的，只有极小部分存在于被动的享受之中。就是从被动的享受中所得到的快乐，也只有插在活动中间，才能使大多数人感到满意。社会改革者，正像乌托邦发明者一样，往往忘却了人的本性方面这一个很显明的事实。他们只注意多得空闲、多有享受空闲的机会，而不注意怎样使工作本身更满意，更合于冲动，而且使创造性和运用才能的愿望得到更好的出路。在现代世界里，对于几乎一切依靠工资收入的人来说，工作只是单纯的工作，并不体现一种要求活动的愿望。这事恐怕在相当大的程度上是不可避免的。但是，在可能防止的范围以内，我们可以做些事情，使导致战争的某些冲动找到一条和平的出路。

当然，世界上如果没有活力，就容易得到和平。罗马帝国是和平的，但也是不生产的。伯里克利时

代的雅典是生产最发达的，也是历史上几乎最好战
的社会。在我们的时代，唯一优越的生产方式是科
学。在科学方面德国最好，但德国是最好战的大国。
我们也不用多举例子；但有一点是明白的，就是产
生一切最好的东西的活动能力的同时，也产生战争
和对战争的爱好。有许多人，他们的目标和活动决
不是野蛮，但他们感觉到反对和平主义的基础就在
这上面。实际上，和平主义所表现的往往只是力量
的缺乏，而不是拒绝用力量来打击别人。和平主义
如果要做到又胜利又仁慈，那必须为现在引导国家
到战争和毁灭的那种活动力找到一条出路，使它能
和人道主义的感情相适应。

　　这个问题，威廉·詹姆斯在一个动人的演说中
曾经加以研究过。他的题目是："战争的道德等价"。
这个演说是 1898 年美国—西班牙战争期间在一个和
平主义者大会上发表的。他对于这个问题的讲解是
不能再好的了。据我所知，他是能恰当地面对这个
问题的唯一作者。但是他的解决方法并不恰当；也
许要得到恰当的解决是不可能的。虽然如此，这个

问题只是一个程度上的问题：对于人的能力，每增加一个和平的出路，就减少一些促使国家走向战争的力量，而且减少了战争的经常性和凶恶性。作为一个程度上的问题，它是能够或多或少局部解决的。①

　　每一个富于活力的人，都需要一些竞争和克服阻力的感觉，这样可以使他感觉到自己是在发挥他的才能。由于经济的影响产生了一种理论，认为人所愿望的是财富。这种理论未尝不可证明它是真实的，因为人的行为常决定于他们自以为需要的东西，而不是决定于他们真正需要的东西。一个社会里比较不活动的分子，事实上往往需要财富，因为有了财富，他们对于被动的享受的嗜好，可以得到满足，也可以使他们不费力气得到人家的尊敬。但是精力充沛的人，发了大财，很少是真正为了得到钱的本身。他们所愿望的是通过竞争而得到权力的感觉以及活动成功的快乐。为了这个理由，那些用最残酷的手段来发财的人，往往最愿意把钱散掉；在美国

―――――――――
① 在现在这一讲里，关于这个题目只能算是初步谈到，因为在后面各讲里，对于这个问题的某些方面都要论到。

的百万大富翁中，有许多这样的著名例子。照经济学理论的说法，这些人是为追求金钱的愿望所推动的，这里面只有一点是真实的：因为事实上钱是**被认为**大家所喜欢的，所以能发财就是成功的证明。人所愿意得到的是看得见而真实无疑的成功。但是，得到成功的只是少数人中的一分子，他达到了许多人所想达到的目标。为了这个理由，舆论在指导精力充沛的人的活动时有很大的影响。在美国，一个百万富翁比一个大艺术家受到更大的尊敬。这样使有可能做百万富翁也有可能做大艺术家的人选择了做百万富翁。在文艺复兴时代的意大利，大艺术家比百万富翁更受尊敬，所以结果和美国的情况正相反。

某些和平主义者和一切军国主义者都反对社会性和政治性的斗争。在这点上，军国主义者从他们的观点来看是正确的。但是和平主义者照我看来似乎是错了。政党间的政治斗争、劳资斗争和一般不卷入战争的原则性斗争，都可以为许多有用的目标服务，而带来的损害很小。它们能增加人对于公共事务的兴趣，能为竞争的爱好提供一条比较没有害处的出路，当情况改变或因知识增加而产生改革的愿望时，它们帮助改变法律和制度。每一件足以加强政治生活的事情，势必引起一种和平性质的兴趣，这种兴趣与引起战争愿望的兴趣是属于同一种类的。在一个民主的社会里，政治问题给每一个选民带来一种独创、权力和责任的感觉，这些都可以减少生活中狭隘的稳健主义。和平主义者的目标应该使人在自己的生活上有更多的政治控制，特别要把民主介绍到工业管理中去，正像工团主义所倡导的那样。

善于思考的和平主义者，他的问题是双重的：怎样保持他自己国家的和平和怎样保持世界的和平。倘若各国的心情仍像德国初踏上战争时一样，而同时要保持世界的和平，那是不可能的——当然，除非一国的力量显然比其他各国联合的力量还强，因而那个国家没有必要作战，而其他各国作战起来也是没有希望的。这个战争既已拖长而又使人感到厌倦，许多人一定曾经问过自己：为了国家的独立所付出的代价究竟是否值得。如果使一个国家独占优势，对于保持世界和平是否会更好些？在战争的头两年里，一个顺服的和平主义者或许会发出这样的议论："依靠世界联盟来保持和平，在统治者和人民方面，至少要有一些微弱的理性之光，所以这可不必谈了；但是如果听凭德国对于欧洲发号施令，那就容易得到和平。因为没有别的方法可以结束战争"——我们的和平拥护者会不惜任何代价来争辩——"让我们采取这一条路，恰巧在这时候，这条路是通的。"这样的观点，我们应该比一般的考虑更加用心。

历史上有一个很大的事例，表明一个长时期的和平是通过这样的道路得到的。我所指的是罗马帝国。我们在英国夸称的"英国统治下的和平"，就是用这样的方式强加于印度好战的各族和宗教的。如果我们在这方面的自夸是对的，如果我们事实上已经通过强制的和平而使印度得到好处，那么德国人如果能够把一个"德国统治下的和平"强加于欧洲而同样地自夸，也将是对的了。在战争以前，人们或许会说印度与欧洲不能比，因为印度不及欧洲那样文明；但是现在，我希望没有一个人会厚颜地说出这样不合理的话来。在现代史上，已经屡次有机会由一个国家独霸来做到欧洲的统一；但是在英国，因为永远忠于均势主义，所以阻止了它的实现，而保全了像我们的政治家所称的"欧洲的自由"。我们现在就是在做着这一项工作。但是，我并不认为我们的政治家，或我们中间任何人，已经费过大力气来考虑究竟这项工作所付的代价是否值得。

在一件事情上，我们是明显错误的：就是我们阻止了革命的法国。如果革命的法国征服了欧洲大陆和大不列颠，现在的世界将变成更幸福、更文明、更自由，也更和平。但是革命的法国是一个极特殊的事例，因为它初期的胜利是在自由的名义下得到的，只反对暴君，不反对人民；法国军队到处以解放者的身份而受人欢迎，除却统治者和顽固者不在其内。在腓力二世的事例中，我们显然是对的，正像我们在 1793 年显然是错的一样。但是，我们在这两件事情里的行动，都不能用像所谓"欧洲的自由"那样的抽象的外交概念来加以评判，而应当根据争

霸的强国的理想和对全欧普通男女幸福有关的可能
效果来加以评判。

"霸权"是一个意义很模糊的词,一切都决定于
它所含有的干涉自由的程度。有一种干涉自由的程
度使国家生活的许多形式受到致命伤;例如 17 世
纪和 18 世纪的意大利被西班牙和奥地利的优势所
压倒。如果德国人果真吞并了法国各省,像他们在
1871 年所做的一样,恐怕他们会对于那些省份给予
严重的损害,使他们在一般文明方面的成果更少。
为了这样的理由,一国的自由实在是一件重要的事
情,而且欧洲如果真被德国所统治,就可能变为毫
无生气而不生产了。但是"霸权"如果仅意味着在
外交问题上增加的压力,在非洲有更多的加煤站和
领土,有更多的权力来获得有利的商务条约,那么
就不能认为对于别国有十分重大的损害;一定不会
产生像这一次战争所产生的那种损害。我认为没有
疑问,在战争以前,德国人如果有了这样一个霸权,
也就十分满意了。但是,到现在为止,战争的后果
对于原来想避免的一切危险不知增加了多少倍。我

们现在只有在两者之间选取其一，或是使欧洲忍受一定的消耗来和德国作战，或是由于德国的暴政而使法国全国的生活遭受到可能的损害。从文明和人类幸福方面来谈，而不从国家的威信来谈，这就是现在的实际问题。

假定战争不因一国战胜其他各国而结束，那么能使战争永久消灭的唯一道路，是一个全世界的联盟。只要有许多独立国家存在，而每一个国家有它自己的军队，那就不能保证没有战争。先要使全世界只有一个陆军和一个海军，才有理由认为战争已经消灭了。这意味着，单就国家的军事机能来说，将来只能有一个国家，它将和整个世界一样大。

国家的民政有立法、司法和行政三方面。这三个部门对于军事机能方面没有十分重要的关系；所以没有理由认为平常一定要由同一个国家来执行这两种机能。其实，执行民政的国家和执行军事职能的国家应该有区别，倒是十分有理由的。较大的现代国家，在为大多数的民政目标服务上，已经感到范围太大，但是在军事目标上还嫌不够大，因为它们还没有达到整个世界那样大。这两种国家需要的范围大小有不同，当人们不认识军事与民政这两种机能之间没有必要的关系，于是引起了一定的迷惑与犹豫：一套的想法倾向小国，另一套的想法倾向不断扩大的国家。当然，如果有一个国际的陆军和海军，一定要有一个国际的权威机关来指挥它们的行动。但是，这个权威机关永远不必去管各国的内政：只要它公布一些调整各国关系的法规，并且在侵犯这些法规而引起国际武力干涉的时候，要它作出公平的宣告。至于国际权威机关的权限怎样地容易订定，可以从许多实际的例子中看到。

民政和军事国家，在许多目标方面，在执行上往往是不同的。南美洲各共和国在一切目标方面是独立的，除了他们和欧洲的关系必须听命于美国：对欧洲的行动，美国的陆海军就是他们的陆海军。我们的自治领在防御方面，不依靠他们自己的武力而依靠我们的海军。现在，大多数政府要兼并一个国家时，并不在乎正式的把它归并下来，而只是把它当作一个保护国，就是民政的自治受军事的节制。

这样的自治，在实际上当然是不完全的；因为"被保护"的国家如果要想采取某些措施而被掌握军权的强国所否决，那么这些措施便不能实行。但是也可能做到十分完全，正像我们的自治领那样。在另一个极端，可能变成只是一种滑稽戏，好像在埃及那样。在同盟国的事例中，每一个盟员国有完全的自治权，同时实际上把各盟员国的军事力量汇合而成为一个力量。

一个大的军事国家的最大优点就是它能扩大面积，在这个面积里，除非发生革命，否则是不可能发生内战的。如果英国与加拿大有什么争论，大家认为这当然应该用协商来解决，而不是用武力。如果利物浦同曼彻斯特有什么争端，尽管他们在许多地方性事件上各有自治权，他们更应该用协商方法来解决问题。决没有人想到利物浦为了阻止开辟曼彻斯特运河应该起来作战，虽然在两个强国之间如果发生重要性与此相同的问题，就会引起战争。英国和俄国，如果不是同盟国，可能为了波兰而作战；而现在他们通过外交而达到的不公平的结果与他们

第三章
战争作为一种制度

如果诉诸战争而达到的结果，大致是相同的。澳大利亚和日本，如果他们两方都是完全独立的国家，他们可能会作战；但是他们的自由都要依靠英国的海军，所以他们之间的争端，只有用和平方式来解决。

　　一个大的军事国家的主要坏处，是外面的战争一发生，受到影响的面积也就比较大了。目前的四国同盟的协约国，形成一个军事国家；结果是因为奥地利与塞尔维亚两国间的争执，使比利时遭到蹂躏，使澳大利亚人死在达达尼尔海峡。另一个坏处是便利压迫。一个大的军事国家对于一个小国几乎是万能的；它能为所欲为，正像英国和俄国对待波斯，奥匈帝国对待塞尔维亚那样。仅仅依靠机械式的保证不能确保避免压迫；只有依靠一种宽大而仁慈的精神，才能做到真正的保护。尽管英国有民主，爱尔兰在威斯敏斯特也有议员，英国对于爱尔兰仍完全有压迫的可能。同样，波兰人在德国议会中也有代表，但不能阻止对普鲁士统治下的波兰的压迫。但是，民主和议会政治，无疑可以减少压迫的可能性：使可能受到压迫的人有一种工具把他们的愿望和委屈公开出来，可以做到只有少数人能被压迫，也只有多数人几乎一致同意要压迫他们的时候，才可以这样做。还有一层，在压迫的时候，只有实施压迫的统治阶级感到特别快乐，而人民大众并不如此。为了这个理由，凡是人民大众有权的地方，其残暴的程度可能要比官僚政治和寡头政治小得多。

为了要防止战争同时又要保全自由，世界上只应该有一个军事国家。当各国之间发生争端的时候，它应该按照中央权威机关的决定来行动。这是一个世界联盟自然会产生的结果，如果这样一件事终于会实现的话。但是这个远景还是遥远的。为什么它是这样遥远呢，值得我们加以思考。

一个国家的统一，是产生于相同的习惯、本能上的喜爱、共同的历史和共同的骄傲。一个国家的团结，一部分固然由于国民间内在的引力，但是另一部分也是由于外部世界的压力和对比。如果把一个国家跟其他国家隔绝开来，那么它不会再有同样的团结和爱国的热诚。当我们建立同盟国的时候，除了外来的压力促成团结之外，很少有别的原因。英美两国之所以结合起来，在某种程度上具有像一国之内团结的因素：有一种（或多或少）共同的语言，有相似的政治制度，在国际政治上有相似的目标。但是英国、法国和俄国的结合完全是因为对德国的恐惧。如果德国一旦被自然的激变所消灭，那么他们彼此之间立刻就会发生憎恨，正像他们在德国没有强盛以前所做的一样。为了这个理由，现在反对德国的同盟，虽然具有合作的可能，但绝不能因此而希望世界上一切国家在一个和平的同盟里永久合作。现在团结的动机，就是一种共同的恐惧，它将会消失，而不可能用任何其他的动机来代替，除非人的思想和目标会变成和今天所有的大不相同。

产生战争的基本事实，不是经济的或政治的，也不在于设法用和平方式解决国际纠纷有任何机械的困难。产生战争的基本事实在于人类中有一大部分人有一种爱斗争而不爱和好的冲动，只有在抵抗或攻击一个共同的敌人时，才能使他们与别人合作。不论在私人生活中或在国际关系中都是如此。大多数人，当他们感觉到自己已经十分强大的时候，就会着手使人家怕他而不是爱他。至于希望得到别人称赞的愿望，一般说来，只限于那些还没有得到巩固权力的人。对大多数人来说，天生就有好跟人家争论或自以为是的冲动，不顾别人的反对而以一逞自己的意见为快乐。就是这个冲动，而不是为自己深思熟虑的任何动机，产生了战争，也就是这个冲动，使世界性的国家难以产生。而且这个冲动不限于一国；它在不同程度上存在于世界上一切富于活力的国家。

虽然这种冲动是强大的，但是没有理由说应该让它引导到战争。就是这个冲动把人引导到决斗，但是现在的文明人不用流血的方式来解决他们私人间的争端。如果能在一个世界性的国家里采用政治斗争来代替战争，那么人的想象力就会习惯于新的情况，正像它曾经习惯于没有决斗一样。只要通过制度和习惯的影响，不必把人类本性作任何根本的改变，人就能学会怎样回顾战争，正像我们回顾把异教徒烧死，或回顾邪教中把人来祭神的情形一样。假如我花了几个英镑买一支手枪来打我的朋友，目的是想从他的口袋里盗取六个便士，我想人家一定认为我既不聪明，也不道德。但是如果能够招集 6500 万个同党，共同来做这一件荒谬的犯罪行为，那么我将成为一个光荣大国的一分子，高贵地牺牲了手枪的代价，也许甚至牺牲了生命，为了国家的光荣而得到这六个便士。历史家几乎全是谄媚者，如果我和我的同党得到了胜利，他们将会称赞我们，说我们是推翻罗马帝国的英雄们的适当的继承者。但是，如果我的敌人胜利了，如果他们使每个人付了许多镑的代价，和一大部分人付出了生命的代价而保全了他们的六个便士，那时候，历史家就会把我叫做盗匪（实际上我是的），而表扬抵抗我的那些人的勇气和自我牺牲。

战争的周围笼罩着魔术的气氛，这是由于传统思想，由于荷马的著作和旧约全书，由于早期的教育，由于精心构造的神话中所含有的重要问题及从神话中所唤起的英雄主义和自我牺牲。耶弗他牺牲了他的女儿，是一个英雄人物，但是他如果不是为

神话所迷惑，那他会让他的女儿活着。做母亲的把
她们的儿子送到战场上去是英雄的，但是她们正和
耶弗他一样受着迷惑。在上面所述的两类事例中有
共同之点，就是如果在神话所引起的想象中一点没
有野蛮的气息，那么发生残酷行为的英雄主义就
会被驱散。一个乐于接受无罪的少女作为祭品的
神，只有思想上认为接受这样的祭品不是全可憎恨
的人才去崇拜他。一个国家相信它一定要靠受苦和
使千百万人做同样可怕的牺牲才能获得幸福，那个
国家对于构成国民幸福的东西并没有多大精神上的
概念。与其彼此残杀，彼此仇恨，在狂怒之中把历
代以来的光辉遗产抛弃不顾，还不如舍弃物质享受、
权力、浮华和一切虚荣来胜过百倍。原始的以色列
人和初期的神学者把野蛮性赋予上帝，而我们已渐
渐地学会解除上帝的这种野蛮性：现在没有人相信
上帝会使大多数人类处在地狱之火的永劫中叫他们
受折磨以为快乐。但是我们还没有学会解除我们国
家的理想的古代色彩。效忠于国家恐怕是当代最深
刻和最普遍的宗教。它像古代的宗教一样，它要求

它的迫害，它的全部牺牲，它的惨淡的英雄式的残酷，也好像古代宗教一样，它是高贵的、原始的、野蛮的和疯狂的。现在的宗教和过去的一样，由于传统的重累，使它落后于个人的良心，使人的心肠硬化，不顾慈悲；头脑顽固，不顾真理。如果要使这个世界得救，那么人们一定要学习变得高贵，但不流于残酷；充满了信仰，但能面向真理；受远大目标的感动，但不恨那些希图阻碍他们的人。但是，在这些事情实现以前，人必须先面对着一个惊人的认识，就是认清他们所崇拜的诸神是假的神，而他们所作出的牺牲是白费的。

第四章
财　产

　　在许多忧郁的现实主义小说家中，忧郁最深的恐怕要算吉辛。他跟他书中的人物一样，生活在高度压迫的重力之下：在可怕而又可爱的金钱偶像的权力之下。他的典型的小说之一是《夏娃的赎身》，这篇小说的女主人公，用了各种可耻的饰词，抛弃了她所爱的穷人而和一个富人结了婚，因为她更爱他的收入。那个穷人觉得富人的收入比穷人的爱能供给她更丰富的生活，使她成为一个更体面的人物，因此肯定她的做法是对的，而他自己因缺少金钱应该受罚。在这个故事和其他的书中，吉辛相当正确地说明了金钱的真实权力和它对于绝大多数的文明人类所要求的无情的崇拜。

　　吉辛所举的事实是无可否认的，但是他的态度使有生命热情和有自主愿望的读者产生一种反感。他对于金钱的崇拜和他内心的失败感觉结合在一起。而且在现代世界里，一般说来，因为生活的腐朽才促进了物质的崇拜；物质的崇拜又倒转来加速它赖以繁殖的生活的腐朽。凡是崇拜金钱的人，他不再希望通过自己的努力和行动来得到幸福：他把幸福看成从外界得来的一种被动的享受快乐。一个艺术家或情人在他的热情之中，不崇拜金钱，因为他有专属的愿望，而且他的愿望的对象只有他能创造出来。相反，金钱的崇拜者决不能做出艺术家或情人的伟大成就。

　　自有世界以来，爱钱一直为道德家所指责。我也不愿在这上面再有陈述，但道德家的指责在过去也没有多大的效力。我想说明，金钱的崇拜在降低生活力方面怎样又是原因，又是结果，我们的制度应该怎样改变过来才能使金钱的崇拜发展得少些，而一般的生活力可以发展得多些。成为问题的不是那种当作手段来达到某种目标的对于金钱的愿望。一个奋斗中的艺术家可能为了有空闲可以从事艺术而愿有金钱，但是这样的愿望是有限的，只要有一个很小的数目就可完全满足。我所要讨论的是对于金钱的**崇拜**：是一种信仰，认为一切价值都要用金钱来衡量，金钱是人生成功与否的最后的考验。多数的男女，嘴里不说，事实上都有这种信仰，然而这和人的本性并不一致，因为它忽视了生命的需要，也忽视了对于某些特殊的生长的本能的倾向。它使人认为和取得金钱相反的愿望是不重要的，而这些愿望，一般说来，对于人的幸福比较收入的增加，更为重要。它从一种错误的关于成功的理论，引导人残害了自己的本性，并且使人羡慕对于人类幸福毫无补益的事业。它促使人们的品格和目标趋于完全一致，降低了人生的愉快，增加了紧张与繁重的感觉，使整个社会变得厌倦、消极和缺乏幻想。

许多人认为，西方进步的先锋——美国，在最完备的形式中表现出金钱崇拜。一个有钱的美国人，他已经有许多钱，可以满足一切合理的需要而绰绰有余，但往往在他的办公室里继续工作，他是这样的卖力，好像非这样的工作就得要饿死的样子。

但是英国，除了一小部分人以外，也和美国一样地倾心于金钱的崇拜。在英国，金钱的爱好，一般说来采取了另一种形式，就是势利地要想维持一定的社会地位，而不是争取无限制地增加收入。男子们延迟结婚直等到他们的收入足使家庭内房间与佣人的数目能和他们的尊严相称。因此他们年轻的时候就需要注意自己的感情，恐怕它们流于轻率：他们养成了一种谨慎小心的习惯，"只怕自己失足"，这样就使一个自由而活泼的生活成为不可能。他们在行动之中想象自己是在保持品德，因为他们觉得要一个女人下嫁一个门第不如她母家的人是一件难事，如果所娶的女子与自己的门第不相当，也降低了自己的身份。本性上的事情是不用金钱来与之比价值的。一个男子因若干年来的善自约束，或因与他所轻视的女子有了卑鄙的关系而感情的力量已归消失。一个女子，作为唯一的爱情经验，不得不接受这样一个男子的小心而有限的青睐时，彼此认为并没有什么障碍。困难在于女子本身也不知道这是一件难事；因为她也受到必须谨慎的教导，唯恐降低了她的社会地位，而且从小就浸染了一种思想，认为青年女子不应该有强烈的感情。所以这两个结合起来，过着平稳的生活，而对于值得知道的事情一点也不知道。他们的祖先并不因为怕地狱之火而把情感拘束起来，但是他们自己却因为一个更坏的惧怕心理而有效地把自己拘束起来，这就是惧怕他们在世界上的地位会降落下来。

就是那些引导人延迟结婚的动机，也引导人限制他们的生育。职业匠人愿意把他们的儿子送到公立学校里去，虽然在那里所得到的教育并不比拉丁语学校为强，而且他们在那里所结交的同伴只有更坏。但是势利观点认为公立学校最好，这样的判决是没有上诉的。把它们当作最好是因为它们的费用最贵。同样的社会上的挣扎，在各种不同的形式里，行之于一切阶级，除去极高和极低的两端以外。为了这个目标，男女们在道德上作了很大的努力，而且表现了惊人的自制能力；但是一切的努力和一切对于自己的控制，并非用于任何创造的目的，只是把他们内心的生命的源泉弄干了，使他们变为软弱、没精打采和平庸。在这样的土壤里就无法培养出产生天才的热情。人的灵魂将旷野掉换成会客室；他们好像中国妇女的小脚一样，变成了拘束、小巧而病态的。就是战争的恐怖也难以使他们从爱体面的悠闲的睡梦中觉醒过来。主要是金钱的崇拜产生了这使人成为伟大的一切事物陷入沉寂的睡眠。

在法国，金钱的崇拜采取了节约的形式。在法国不容易发财，但是得到一笔遗产是极普通的，而且凡是有遗产的，生活的主要目标是守住遗产以便传给下代，即使不能增加，也应当勿使减少。法国的**食利生活者**在国际政治上是大势力之一：法国通过他们在外交上得到加强，战争上受到削弱，由于他们增加了法国资本的供给，而减少了法国人力的供给。依照遗产继承法，必须为女儿备就一笔出嫁费，并且应把遗产分给下代，所以法国的家庭作为一种制度来说比任何其他文明国家的家庭，显得更有力量。为了使家庭繁荣，必须要保持一个小家庭，而家庭中的个别成员往往为家庭而牺牲。要想传宗接代的愿望使人变为胆小而不敢冒险；只有在有组织的无产阶级中间还存留着勇敢的精神，酿成革命，并且在政治思想和行动方面领导着世界。由于金钱的影响，家庭的力量对于国家来说成为一个弱点，使人口保持不变，甚至还在减少。同是这一个安全的爱好，开始在别的地方产生同样的效果；但是法国在这一件事上，好像在许多其他比较好的事情上一样，她领头带路。

金钱的崇拜出现在德国，要比法国、英国和美国晚近得多，在普法战争以前是几乎不存在的。但是现在正以同样的深度和全心全力来采取它，德国人在信仰方面都是表现出这种态度的。但是，也各有特点，像在法国，金钱的崇拜与家庭结合在一起，而在德国，它是与国家结合在一起的。李斯特在有意反抗英国的经济学家时，教导他的爱国同胞说，考虑经济时应以国家为前提，所以一个德国人从事于发展工商业，他自以为，人家也以为，他是在为国家服务。德国人相信英国之所以伟大，是由于工业制度和帝国，而我们在这些方面的成功是由于高度的国家主义。他们认为我们在自由贸易的政策上所表现的国际主义，只是一种伪善罢了。他们着手仿效他们认为是我们实际所有的东西，而去除了伪善的部分。我们必须承认他们的成功是惊人的。但是，在这仿效过程之中，他们几乎把德国对于世界有贡献的一切东西全部毁灭，并且他们对于我们中间可能有的优点，没有采取，因为他们既然笼统地斥责我们"伪善"，就把优点给一笔抹煞了。而且他们在采取我们最坏的缺点的时候，加上了我们所幸而没有，而他们所有的系统性、彻底性和一致性，使这些缺点远远地坏上加坏。德国的宗教在世界上非常重要，因为德国人既有一种真实信仰的力量，又有一种精力来达到他们的信条所要求的美德与罪恶。为了世界，同样为了德国，我们必须希望他们不久会放弃他们不幸从我们这里学到的对财富的崇拜。

金钱的崇拜并非新鲜的事情，但是现在它比以往危害更大，其原因有好几个。工业制度，由于从事于它的人目的是为了金钱，使工作更引起厌倦，更紧张，更不能给人快乐和使人发生兴趣。限制家庭的力量，为实行节约开辟了新的园地。教育和自觉纪律的普遍增长，使人们更能不顾诱惑，踏实地追求一种目标，而且当这个目标和生活相违背的时候，采取这个目标的人越坚决，它的危害性越大。由于工业制度而得到的较大的生产力，使我们能把更多的劳动和资本用于陆军和海军来保护我们的财富，以防觊觎我们的邻国，也用来剥削劣等的民族，那是资本主义制度的一种无情的浪费。由于惧怕失掉金钱所发生的远虑与烦闷，使人把获致幸福的能力消耗掉，而且对遭受不幸的惧怕，比起所惧怕的不幸来，还更为不幸。我们大家都能用自己的经验证明：不论男女，最快乐的人是对于金钱不关心的人，因为他们有某些积极的目标，把金钱驱出门外。但是我们的一切政治思想，不论是帝国主义者、激进派或社会主义者，仍然继续不断地几乎倾全力于人的经济愿望，好像只有它们是真正重要的。

在评判一个工业制度时，不论是我们生活在它之中的或者是改革者所倡议的制度，有四个主要标

准可以用来检验。我们考虑这个制度能否保证：（1）
生产的最高限度，或（2）分配的公平，或（3）生产
者有一个可以忍受的生活，或（4）对于生命力和进步
有可能的最大自由和刺激。我们可以一般地说，现在
的制度只注重于第一个目标，而社会主义者注重于第
二、第三。有些拥护现在制度的人会辩论说：私营企
业比国营企业能更好地促进技术的进步；在这个范围
以内，他们认识到我们所列举的第四个目标。但是他
们只注意到商品和资本家这一边，而没有注意到工资
劳动者那一边。我相信四个目标之中，以第四个最为
重要，应该对此加以注重，但现在的制度对于它是致
命伤，而正统的社会主义同样可能证明它是致命伤。

　　资本主义制度里很少有人提出疑问的假说之一
是，应尽一切可能的手段来增加生产量：如利用新
式的机器，雇用女工和童工，为适合效率而尽量地
延长劳动时间。非洲中部的土著习惯于以地上的生
果为食，因为不穿衣服可以战胜曼彻斯特①，但是因

---

① 　曼彻斯特是英国纺织业中心。——译者注

为要为居住的小屋付税，被迫受欧洲资本家的雇用来工作。大家承认他们不受欧洲人势力的影响时，他们是十分快乐的，工业制度不但带给他们一种不习惯的束缚的痛苦，而且使他们因感染疾病而死亡，那些疾病，白种人已有部分的免疫力。大家认为最好的黑人工人是刚从丛林中出来的"生土著"，他们还没有沾染工资生活的经验。然而没有人有效地主张应该保护他们，不要去加害于他们，因为没有人有效地怀疑这样一种说法，即认为不惜任何代价地增加世界的生产，总是好的。

关于生产的重要性的信仰，含有一种狂热的不合理和残酷性。只要有东西生产出来，至于所生产的究竟是什么东西似乎无足轻重。我们整个的经济制度鼓励这种观点，因为惧怕失业，所以任何工作，对于工资劳动者，都是一种恩惠。增加生产的热狂，把人们的思想从更重要的问题上移转过去，而且使世界上无从得到增长了的劳动生产率可能给人的好处。

当我们已经有吃有穿有住的时候，还要想多得物品，只是为了夸耀，或是为了满足占有的贪欲，虽说这是出于本能，恐怕不能完全消除，但不是值得羡慕的事情。运用现代的方法，一部分的人民不必做长时间的工作，就可以在商品生产方面把实际需要的工作全部做完。现在用于生产奢侈品的时间，可以一部分用于娱乐和乡间假期，一部分可以用于获得更好的教育，另一部分可以用于非体力的工作或非体力的辅助工作。如果我们要的话，我们能够有比现在多得多的科学和艺术，更广泛的知识和智力的培养，工资劳动者有更多的业余时间，而且有更多的能力来从事于有益理智的娱乐。在目前，不但是工资，几乎一切依劳动所得的收入，人们只有依靠比应做的工作时间长得多的时间才能获得。一个辛勤工作的人每年赚800英镑，大概说来，如果他做一半的工作，便得不到400英镑。如果他不愿意几乎全天工作和每天工作，就往往一点收入也没有。因为过度相信生产的价值，所以认为人是应该长时间工作的，而没认识到较短的工作时间所可能发生的好处。工业制度的一切残酷的事情，不但存在于欧洲，在热带地区更厉害，但是只激起少数慈善家偶然的微弱抗议罢了。这是因为，由于我们现在的经济方法所产生的畸形现象，使人们在这些事情上的有意识的愿望，对于因工业工作所引起的真正需要，只照顾到了极小一部分，而没有照顾到最重要的部分。对于这件事，如果要加以补救，只有换上另一种经济制度，使活动与需要的关系不再那样隐蔽，而更直接些。

如果我们现在的工业制度继续下去，要使生产达到最高限度的目标，长久下去是不会成功的。我们现在的制度是在浪费人力，一部分由于它损害了工业劳动者的健康和效率，特别是在雇用妇女和童工的时候，另一部分由于事实上最好的劳动者趋向于保持小的家庭，因此更文明的人类有逐渐归于消灭的危险。每一个大城市就是一个毁坏人类的中心。拿伦敦来说，已经有 H. 卢埃林·史密斯（H. Llewellyn Smith）爵士根据丰富的详细统计来讨论这个问题了 ①；其他地方存在着同样的情形，也是不能轻易怀疑的。物质

---

① 见布斯：《人民的生活和劳动》(Booth："Life and Labour of the People")，第 3 卷。

资源方面也有同样的情况：世界上的矿物、原始森林以及新近开发的麦田，正被无情的滥用而逐渐消耗殆尽，几乎必然给我们的后代造成困难。

社会主义者认为，补救的方法在于使土地和资本归于国有，同时与一个更公平的分配制度相结合。不容否认，我们现在的分配制度，从任何一个观点来看，包括公平的观点在内，都是无法辩解的。我们的分配制度是用法律来规定的，有许多方面可加以改变，但因为熟悉的缘故，使我们认为是当然的，是无可避免的。我们可以把私有财产的公认的合法权利的四个主要来源加以鉴别：（1）一个人对于自己所做出来的东西的权利；（2）对于出借资本的利息的权利；（3）土地所有权；（4）遗产。这四种在尊贵的程度上好像声调那样步步升高：资本比劳动尊贵，土地比资本尊贵，任何一种财富，如果是由遗传得来，比自己用劳力得来的更受尊敬。

事实上，一个人对于由自己劳动所得的权利，在法律上只得到一个极小限度的承认，从未得到更多的承认。早期的社会主义者，特别是马克思的英国先驱者们，曾坚决主张把这个权利作为一种公平的分配制度的基础，但是在现代工业的复杂过程中，究竟一个人所生产的是什么，简直无法说。一条铁路所运送的货物，究竟有多少部分应该属于旅途中的货物搬运员？一个外科医生为人开刀救了一个人的生命，这个医生对于这个人后来所生产的商品之中，究竟有多少部分可以公平地提出要求？这些问题是无法解决的。这些问题即使解决了，按照每一个人自己所生产的东西分给他的时候，也不能达到绝对的公平。有些人比较别人强壮些、健康些、聪明些，自然的条件上已有这些不公平，没有理由在这些不公平上再加以人为的法律上的不公平。这个原则自称它一方面可以消灭大富，另一方面可以刺激人努力工作。但是这些目标中的第一个可以用别种方法来更好地达到，第二个目标，只要我们一停止崇拜金钱，也就不再成为显然需要的了。

在任何一个社会里，如果私有财产不受限制而偷盗是要受罚的，那么利息就很自然地兴起来了，因为生产上有些最经济的操作过程是迟缓的，那些有技能来做这种工作的人，在进行这种工作时，可能不足以维持生活。但是出借金钱的权力给私人资本家带来巨大的财富和势力，除非严格地加以控制，否则将会和其他人民的真正自由不能并存。目前，不论在工业世界或在国际政治上，它的效果是这样坏，看起来有十分必要来想些办法把它的权力加以抑制。

土地的私有财产权，除了历史上通过刀剑的力量来取得以外，一点道理也没有。在封建时代开始的时候，某些人有足够的军事力量，他们能够强迫那些他们所不喜欢的人不准住在一定的区域里面。至于经他们选择后，认为可以留在那个土地上的人们，就变为他们的农奴，为报答他们准许留下的恩惠，不得不为他们工作。为了建立法律来代替私人武力，一般地说，有必要把用武力得到的权力保持下来，不去动它。于是土地成为战胜者的私有财产，而准许农奴缴纳地租来代替劳役。土地的私有财产权一点也没有道理，除了历史上有必要来招抚那些骚扰的强盗，不是这样，他们是不会服从法律的。这个必要，在许多世纪以前起于欧洲，但是在非洲，这整个过程，往往还是晚近的事情，就是通过这一个过程而稍微伪装一些，把金伯利（Kimberley）金刚石矿和兰德（Rand）金矿取下来，而对以前土著的权利置之不顾。这是一个人类惰性的奇怪的例子，就是人直到今天还得继续忍受极少数人因为拥有土地而能加于他们的专制和勒索。土地私人所有权，对于社会没有一点任何性质的好处。如果人是讲道理的，那就会宣告从明天起应即废止；对于现在的土地所有人，除酌量给予生活费用以外，不作任何其他补偿。

单纯取消地租，不足以去除不公平，因为这样又反过来便宜了地位最好和最肥的土地占有者。地租是应该有的，但是地租应该付给国家或付给为公众服务的人；或者地租总额如已超过这些目标的需要，那么可以付入一笔共同的基金，以便在居民中间平均分配。这样的办法将会是公平的，不但可以帮助解除贫穷，而且可以防止土地的滥用和地方上巨头的专制。有许多表面上看起来是资本的权力而骨子里是土地所有者的权力——例如，铁路公司和矿主的权力。现在的制度所有的罪恶和不公平是显明的，但是人对于已经习惯而可以防止的罪恶，有这样大的忍耐力，因此荒谬绝伦的事情究竟什么时候可以终止，现在还无法加以猜测。

遗产，是世界上大部分非经自己获得的收入的来源，大多数人认为这是当然的权利。有时候，像在英国，这个权利全归之于财产的继承者，他认为怎样好，他可以随意处分。有时候，像在法国，他的权利要受到家庭的限制，他至少应该留出一部分给家庭的成员来继承。但是除了占有的本能和家庭的骄傲以外，不论是按照自己的意志来处分财产的权利，或是儿女有向父母继承的权利，都是没有其他任何根据的。一个人的工作成绩如果非常好——例如一个发明家——那可能有理由让他享受一笔比较一般公民更大的收入，但是没有好的理由说这一种利益可以让他的子女、孙子孙女甚至世世代代永远世袭下去。其效果是产生一种懒惰而非常幸运的阶级，他们因为有钱而有势力，他们反对改革，因为恐惧改革是针对着他们的。他们的整个思想习惯变为怯弱，因为他们害怕被迫承认他们的地位是无法辩护的；但是由于势利和想得到他们的宠幸，所以几乎整个中间阶级都摹仿他们的举止行动，并且采纳他们的意见。这样，他们变成了一种毒素，几乎一切受教育者的眼界都沾染了它的毒害。

有时候，有人说没有遗产的刺激，人不会工作得这样好。也有人告诉我们说，工业的巨头是由一种创建家庭的愿望推动着，如果这种愿望没有满足的希望，那么他们就不会努力不懈地把自己的生命花在工作上面。我不信大部分的真正有用的工作是从这个动机出发去做的，平常的工作是为了生活去做的，而最好的工作是为了工作本身的兴趣去做的。工业巨头常被人家认为（恐怕他们自己也有和别人一样的想法），他们的目标在于创建一个家庭，可能为爱好权力和大企业的冒险的乐趣所推动的成分较多。如果所做的工作量稍微减少一些，而借此可以去除懒惰的富翁和他们必然要带来的压迫、软弱和腐化，那是大为值得的。

现在的分配制度不是建立在什么原理上面的。从由战胜所强加于人的制度开始，那些由战胜者为自己

　　的利益所定的办法得到法律的保障，从来没有经过根本的改造。那么应该根据什么原理来改造呢？

　　社会主义是一种提倡最广的改造计划，它的目标主要在于**公平**：就是说现在财富上的不平等是不公平的，而社会主义将会消灭不平等。社会主义认为重要的不是一切人都应该有同样的收入，而是在各个事例中根据不同的需要或不同的劳绩使不平等变为平等。不容争辩，现在的制度是大大地不公平，而且这里面几乎一切不公平都是有危害的。但是我并不认为单是公平就足以成为一种经济改造所根据的原理。如果一切人同样地不快乐，正和一切人同样地快乐一样，可以说公平达到了。公平，凭它本身来说，一旦实现，就不含有新生命的来源。旧式的马克思主义的革命的社会主义者在想象上从来没有考虑到千年的太平建立以后的社会生活。他所想象的，像神仙的故事里的王子和公主一样，他们会永远过着幸福的生活。但是，对于人类的本性来说，这一种情况是不可能的。愿望、行动、目标都与一种可以忍受的生活有重要关系。而千年的太平，虽然在远景里可能是一种快乐，但是如果真正做到以后，会变成不可忍受。

比较现代的社会主义者，关于他们先驱者所持有的宗教狂热，的确已经大部分消失了，并且把社会主义看作一种趋势而不是把它当作一定的目的。但是他们仍旧保持那种观点，认为对于一个人来说，政治上最重要的是他的收入，因此一个民主的政治家应该把增加劳动者的工资作为主要目的。我相信这里面包含着一个太消极的关于幸福的概念。不错，在工业世界里，大部分的人民太穷，不可能得到一个好的生活；但是说减少了贫穷就必然会得到一个好的生活，那是不对的。有钱的阶级中，只有极少数人在目前能得到一个好的生活，恐怕社会主义者只会把现在比较富裕者所受的痛苦来代替由贫穷所产生的痛苦。

在现在的劳工运动里，虽然它是改革的主要来源之一，但是有某些趋势，改革者应该加以防备。工人运动在本质上是一个主张正义的运动，有一种信仰作根据，认为多数人为少数人牺牲，不管它过去怎样，现在是不必要的。在工人的生产比较小而教育不够普及的时候，恐怕也只有一种贵族文化是唯一可能的：或者当时有必要认为多数人应该为少数人的生活而服务，如果要这些少数人传达和增加世界所有的艺术、思想和文明的生活。但是这一个必要性已经过去，或正在很快地过去，所以不再有任何充足的理由来反对正义的要求。工人运动在道德上是不可抵抗的，现在除了怀有成见和纯粹自私的人以外，不会遭到任何人强烈的反对。一切活的思想是在它那一边；跟它反对的是传统的和死的。但是，虽然它本身是活的，但决不能说它对生活一定是有益的。

工人是在一定的方向里受着现行政治思想的领导，如果工人胜利以后，这些方向依旧强大，它们将会变成压制的和危险的。工人运动的热望，整个说来，是为大多数的知识分子所反对的，他们觉得不仅仅由于或主要地由于危害到他们个人的舒适，并且由于危害到他们有份的文明生活，他们深信那种生活对于世界是重要的。由于知识分子的反对，当工人变为革命的和有力的时候，往往流于轻视知识分子所代表的一切。当他们更受尊重的时候，好像他们的领袖在英国所表现的趋势那样，知识分子的巧妙而几乎觉察不到的影响，往往削弱了他们的革命热情，把可能赖以获得胜利的迅速而单纯的坚定心，化为怀疑与不定。正是由于那有钱阶级中最好的人对于工人所表示的同情，和他们愿意承认工人要求的正当，可能发生一种效力，缓和了工人领袖对于现状的反对，也使他们的头脑开窍，可以接受一种所谓根本改变不可能的建议。因为领袖们受到这些影响的程度比较普通工人所受的深得多，所以在普通工人中间往往对于他们的领袖产生了不信任，并且发生了一种寻觅新领袖的愿望，新领袖将会不轻易接受比较幸运的阶级的要求。最后的结果或许会使工人运动跟劳心生活对立起来，正像有些受惊的财产所有人在目前所相信的那样。

正义的要求，狭隘地解释起来，可能会加强这个趋势。有些人比别人工作时间短而收入多，可能被认为这是不公平的。但是脑力劳动的效率，包括教育工作在内，确然比体力劳动的效率需要更多的舒适和较长的休息时间，单就脑力劳动在生理上是不健康的，也可以这样说。如果不认识这一点，那么劳心生活因见识浅薄所受的苦或许比因有意的敌视所受的苦，甚至还要多些。

现在，教育受到损害，因为家长们期望他们的儿女能赚钱，愈早愈好，教育也许还要长期受到损害。例如，人人知道半日制①是不好的；但是有组织劳动的力量使它继续存在。这事很清楚，要补救这个缺点，除涉及人口问题外，应当免去家长对于子女教育的费用负担，同时也要剥夺他们处分子女收入的权利。

要想防止工人对于劳心生活的任何危险的反对，不应该去反对工人运动，它是太强大了，不能用通常的方法去反对它。正确的道路是用实际行动来指出思想对于工人是有益的，没有思想，他们的积极的目标不能达到，而且思想界有人愿意贡献他们的精力来帮助工人的斗争。这样的人，如果他们是聪明而诚恳的，那么能够防止工人危害及于智力世界

---

① 指一天工作 12 个小时。——译者注

中活着的东西。

有组织的工人的目标中的另一个危险，是生产方法中保守主义的危险。机器或组织上的改进，对于雇主带来很大的利益，但是其中包含着对于工资劳动者暂时的甚至有时是永久的损害。为了这个理由，并且也因为纯粹是本能上不喜欢任何习惯的改变，强有力的工人组织常常是技术进步的障碍。一切社会进步的基础，是增长了的技术的效率，从一定量的劳动得到更大的效果。如果工人对于这种进步作出有力的反对，那么长久以后，会使其他一切进步成为瘫痪。要胜过工人的反对，不在于和他们闹对立或作道德上的说教，而在于使工人在经济的过程中，也能得到跟现在雇主所享受的一样的直接利益。这里，和其他地方一样，这个本质上是进步的运动里所含着的不进步部分，要去除它，不是依靠诋毁整个运动，而是使它具有更广泛的眼界，使它变为更进步，并且引导它要求一项关于社会结构的大改革，甚至于比它开端时所完成的任何一项改革还要大。

　　政治制度所能完成的最重要的目标，是使个人的创造性、锐气、生活力和生命的欢乐继续活着。例如，这些东西在英国伊丽莎白时代存在的方式，现在已不存在了。它们刺激了冒险、诗歌、音乐、精美的建筑，并且推动了整个的运动，这个运动产生了英国各方面的伟大的东西，而这些东西就使英国成为伟大。这些东西和不公平同时存在，但是以分量来说，胜过了它，并且使一国的生活比较在社会主义之下可能存在的任何一种国家生活，更令人发生羡慕。

　　要使人的生活力充沛，所需要的是机会而不是安稳。安稳只不过是恐惧的避难所；机会才是希望的来源。一个经济制度的主要的检验，不是看它能否使人发达，或能否得到分配的公平（虽然这两者都很需要），而是看它能否让人的本能的发展不受阻碍。要达到这个目标，有两个主要的条件必须做到：不应把人的私下的性情加以束缚，而是应该使创造的冲动有最大的可能的出路。大多数人都有一个建设的本能，一个做成一些事情的愿望，直等到它因不用而变为萎缩。凡是成就最大的人，大概就是这个本能最强的人：这样的人成为艺术家、科学家、政治家、帝国的创立者或工业巨头，根据各人偶有的资质和机会为转移。最有益和最有害的事业，都是从这个冲动激发出来的。没有这个，世界将会降到很低的水平：它经常会依靠祖先的聪明以为生，而且每一代会愈趋愈下而进入一个生气全无的传统主义。

但是不仅是杰出的人才有这种建设的本能，虽然以他们所有的为最强，而且凡是青年几乎普遍具有，成人中间通常也仍存在着，不过因为它所能找到的出路有大有小，从而各人有多少的不同。由这种本能所激励的工作，使人满意，即使是厌烦而困难的工作，也是如此，因为每次用力好像一只狗追野兔时的用力一样的自然。现在资本主义制度主要的缺点，是为了工资而做的工作，很少有机会给创造的冲动以出路。一个为工资而工作的人，他要做些什么，自己没有选择之权：整个操作的过程的创造性集中于雇主，唯有他发出工作的命令。为了这个理由，工作变为一种纯粹外界的手段来达到一定的结果，就是赚得工资。雇主对于产业工会所订限制产量的条规感到愤慨，但是他们没有愤慨的权利，因为他们不许所雇的人对于所做工作的目标有参与的份儿。因此，可以形成一种本能的循环的生产过程，被划分为各种单独的目的，而不再能对从事这工作的人提供本能上的任何满足。

这个结果是从我们的工业制度来的，但是在国家社会主义之下也是不可避免的。在一个社会主义的社会里，国家将成为雇主，而个体的工人对于他的工作只能有几乎同现在一样小的支配权。有一些他能行使的支配权将是间接的，通过政治的途径，而且太渺小也太迂回，不足以提供任何可以感知的满足。所怕的是，没有增加自主，而只会增加相互的干涉。

马克思社会主义要求把私人资本家的企业全部废除，似乎没有这个必要。大多数创造一网打尽的改革制度的人，正像大多数卫护现状的人一样，对于例外的重要性和硬性制度的不适宜，都没有足够的宽容。假定资本主义的范围受到限制，而大部分的人民都摆脱了它的统治，就没有理由要把它全部废除。作为一个竞争者和一个敌手，在防止更民主的企业陷于迟缓和保守主义，它可能为一个有用的目标而服务。但是最最重要的事情是资本主义应该变为例外而不是常规，而且世界上大部分的工业应该根据一个更民主的制度来经营。

我们为反对国家里的军国主义而讲的话，有许多也可以在经济领域中为反对资本主义而讲。经济的组织，在追求效率之中，越长越大，而且没有使这个过程退回去的可能。它们生长的原因是属于技术性的，并且大的组织必须作为文明社会里的主要部分而加以接受。但是，没有理由说它们的管理一定要集中的和君主式的。现在的经济制度，由于它剥夺了大多数人的独创性，是产生普遍厌倦的原因之一，这样的厌倦，使都市和工业的居民失去了生活力，使他们永远在寻求刺激，并且引导他们甚至于欢迎战争的爆发作为从日常生活的忧郁单调中解救出来的方法。

如果一国的锐气要加以保持，如果我们要保存新思想的任何能力，如果我们不要陷入那种固定不动的情况，那么工业上君主式的组织必须加以扫除。

一切大的企业在管理上必须变为民主的和联邦式的。整个工资收入的制度是令人憎恶的一件事，不仅因为它造成社会的不公平并且使这种现象延续下去，也因为它把做工的人和为什么要做工的目标隔离开来。整个有控制性的目标集中于资本家；工资劳动者的目标并不在于生产，而在于工资。资本家的目标是用最少的工资来获得最多的工作；工资劳动者的目标是用最少的工作来获得最多的工资。一个含有这种主要的利益冲突的制度，不能期望它工作顺利或成功，或产生一个效率上足以自豪的社会。

有两个运动存在着，一个已经很先进，还有一个正在襁褓时期，似乎在两者之间可以提出什么是最大的需要的问题。我所说的两个运动指的是合作运动和工团主义。合作运动在一个很广的范围里，可以代替工资制度，但是很难看出怎样可以把它应用到像铁路这样一些事业里。正是在这些事例中，工团主义的原理最易适用。

如果组织不是要摧毁个性，那么取得一个组织的成员的资格应该是自愿的，而不是强迫的，而且成员在管理方面应该永远有发言权。现在的经济组织就不是这么一回事，它不给人以机会来得到人在自己选择的活动中所得到的骄傲和快乐，假如这种活动不是完全单独而沉闷的话。

虽然如此，我们也必须承认在工业上有一大部分的机械工作是必要的，就它本身来说，也许无法使它变成有趣味的。但是如果工作的人在他们的工业管理上有发言权，那么这些工作在他们看来，要比现在少令人厌倦些。凡是希望有空闲的时间来做些其他职业的人，可以有机会在一天之中为低额的工资而做上少数钟点的没有趣味的工作；这样可以使一切愿意做些不是马上可以得到利益的活动的人有一条出路。当一切使工作变为有趣的事情已尽可能做到了，剩余的部分一定要使它成为可以忍受的，像现在几乎一切的工作一样，给予劳动钟点以外的报酬作为诱导。但是如果要使这些报酬令人满意，主要一点是没有趣味的工作不应该一定要把一个人的全部精力加以吸收，并且应该使人有机会在其余的时间里做些或多或少连续的活动。这样一个制度，对于艺术家、文学家和其他能做出使自己满意的工作而不能及时为公众所重视因而一时无法取得生活保障的生产者，是莫大的恩赐。除了这些比较稀少的事例以外，也可以使青年男女在离开学校之后而在知识方面有志深造者，有继续求学的机会，或者为了需要特别长期训练的事业而自作准备。

　　现在的制度的坏处，是由于消费者、生产者和资本家各自的利益之间互相隔离所生的结果。这三者中间没有一个同社会或同其他两个中间的任何一个有着相同的利益。合作社制把消费者和资本家的利益结合起来；工团主义会把生产者和资本家的利益结合起来。没有一个把三者全部结合起来，或者使指挥工业者的利益与社会的利益完全一致起来。所以没有一个可以完全防止工业上的斗争，或者免除以国家作为仲裁者的必要。但是随便哪一个都会比现在的制度好些，也许这两者混合起来可以把现存的工业制度的大部分毛病治好。令人惊奇的是男女们曾经为了完成政治上的民主而奋斗，在把民主引到工业里去的工作却做得这样的少。我相信无限的利益会从工业的民主中产生出来，或是依照合作的规范，或把一种行业或工业作为政府目标的一个单位，略带一些地方自治的性质，就像工团主义所要做到的那样。没有理由可以说明一切政府的单位一定要以地区为根据：这种制度在过去是必要的，因为交通工具缓慢，但现在没有必要了。采用大概像这样的制度，许多人会渐渐地重新感觉到他们的工作里的骄傲，而且重新找到创造的冲动的出路，就目前而论，除极少数的幸运者以外，其他一切人是得不到这种出路的。这样一种制度，需要把土地所有者废除，并且要限制资本家，但是并不限定收入的平等。而且不同于社会主义，它不是静止的和最后的制度：它只不过是一个为发挥精力和独创性的体制。我相信，只有用大概像这样的方法，才可以使个人的自由生长和因工业制度而成为必要的巨大的专门组织调和起来。

第五章
教　育

　　没有一种政治理论是恰当的，除非它既能适用于成人，又能同样适用于儿童。理论家大多是没有儿童的，即使有，他们也会小心地把青年骚嚷所引起的烦扰加以隔开。他们中间有些人写了关于教育的书，但是，大概说来，当他们写作的时候，没有真实的儿童在他们的脑子里出现。某些教育理论家，他们对于儿童有一定的知识，像幼儿园的发明者和蒙台梭利教育法 ① 的创造者，但对于教育的最后目的就是要能够胜利地处理高级的教导，还不是有足够

---

① 　关于幼儿的教育，在我看来，蒙台梭利夫人的方法是充满了智慧的。

的认识。我对于儿童和教育都没有研究，所以对于他人的著作中可能有的缺点，不能加以补充。但是有些问题，关于教育当作一种政治制度，是包含在社会改造的任何希望之中，它们通常是不为教育理论的作家所考虑的。我所要讨论的正是这些问题。

教育的力量在形成品性和见解方面是很大的，也是为大家所承认的。父母和教师的真正的信仰，虽然通常不是明言的训诫，但是几乎无意识地被大多数的儿童所学得。即使他们在以后的生活中离开了这些信仰，有些东西还是深深地根种在里面，一遇到紧张和危急的时候，便会钻出来。教育，大概说来，是站在现状这一边的最强的力量而反对基本的改革：已经受到威胁的制度，当它们还有力量的时候，只要拥有教育机器，就把对于自己优越性的尊敬灌输到青年的容易加以塑造的心智中。改革者要把这局面扭转过来，就得用力把敌人从他们的有利地位上驱逐出去。这两造之间，没有一造考虑到儿童本身；儿童只被当作一种材料，不是被这一支军队就是被那一支军队所征召去。如果考虑到儿童本身，那么教育的目的就不会在于把他们纳入这一党派或那一党派，而应该使他们能够在两派之间作聪明的抉择；应该使他们能自己思考，而不是要他们思考教师所思考的东西。如果我们尊重儿童的权利，那么教育就不能成为政治上的武器。如果我们尊重儿童的权利，那么我们应该教育他们，使他们有形成独立见解所必需的知识和思想习惯。但是，把教育当作一种政治制度时，它就要设法去形成习惯和限制知识，并使人只能有一套一模一样的见解。

公平与**自由**这两个原则，包含着大量的必要的社会改造，在教育上说来，单有它们还是不够的。公平，照它的字义上来说就是平等的权利，对于儿童显然不是完全可能的。至于自由，它首先在本质上是消极的：它斥责一切对于自由的可以避免的干涉，而没有给人一个积极的建设的原则。但教育是本质上建设性的，关于什么东西组成一个良好的生活，要求某些积极的概念。虽然教育中也尊重自由，只要它能和教导相配合，并且虽然还可以容许比习惯上更多的自由而无害于教导，但是如果要对儿童教些东西，除了理智非常发达而不与寻常同伴在一起的儿童以外，显然不能给以完全的自由，而有些与自由的距离是无可避免的。这就是为什么教师负着很大的责任的一个理由：儿童是必然或多或少地要听命于他们的长者，不能让他们做自己利益的保护者。权力，在教育上，在某些程度上是不可避免的，凡是施教的人必须找到一条按照自由**精神**来行使权力的道路。

权力成为不可避免的地方，所需要的是**尊敬**。一个真正善于施教的人，并且要使青年生长和发展得完全，一定要十分透彻地充满了尊敬的精神。那些主张用像机器做成的生铁般的制度的人所缺少的正是对别人的尊敬：军国主义、资本主义、费边科学组织以及改革者和反动派想把人类精神纳入其中的其他一切监狱。在教育中，有从政府机关发出的法令规章，有大的班级、固定的课程和工作过度的教师，有决心要产生同一水平的平凡的中等人才，而对于儿童缺乏尊敬是几乎普遍的。尊敬需要想象力和生命的温暖；对于有很少实际成就或权力的人，需要更多的想象力。儿童是弱者，而且表面上是愚蠢的，教师是强者，而且在日常的意义来说是比儿童来得聪明。教师缺乏尊敬或是官吏缺乏尊敬，容易因为这些表面上的弱点而轻视儿童。他自以为有职责来把儿童"造成"一定的形状：在想象之中把自己比作陶工，儿童是他手中的陶土。因此，他给儿童某些不自然的形态，跟着年龄而硬化，产生紧张和精神上的不满，从这些又产生残酷和嫉妒，以及认为一定要强迫别人也经过同样的歪曲的一种信仰。

　　一个怀有敬意的人，不会想到把青年"形塑"是他的职责。他觉得在一切生活着的东西里面，特别是在人类中，尤其在儿童中，有一些东西是神圣的，难下定义的，无限制的，有一些东西是个人的和异常宝贵的，是生命生长的原理，世界里无声无息的竞争的一个片断的表现。在一个儿童面前，他感觉到一种难以形容的谦虚——这种谦虚不是容易用什么理性的根据来辩解的，然而比之许多父母或教师轻易的自信终究更近于智慧。儿童在外表上的软弱无力和依赖的呼吁，使他觉察到一种受信任的责任。在想象中，他看到儿童会变成什么，或好或坏，他的冲动怎样会发展或受到遏制，他的希望怎样必然会变得黯淡而他的生命减少活泼，他的信任怎样会受了伤害，他快速的愿望怎样会被沉思的意志所代替。这一切使他盼望着在儿童自己的斗争中加以帮助；他要把儿童装备起来，使他坚强起来，并不是为了政府或任何其他无个人关系的机关所定的外界的某些目标，而是为了儿童自己在精神上模糊地寻求的目标。有这样感觉的人才能运用一个教育者的权威而不至于违背自由的原则。

现在政府、教会和其他为它们服务的大的机关团体所办的教育，并不是本着尊敬的精神。教育上几乎从来也没有考虑到男女儿童、男女青年，而差不多老是在研究怎样在某种形式之下，可以保持现在的秩序。当考虑到个人的时候，几乎专门着眼于世俗的成功——发财或得到一个好的地位。做一个平常的人和学会立身社会的技术，就是摆在青年头脑里的理想，只有极少数的教师怀着大胆的信仰，希图冲破人家期待他们所从事的工作制度。几乎一切教育都有一个政治动机：它的目的在于加强或是国家的，或是宗教的，甚至于是社会的某些集团，来和其他的集团作竞争。大体说来，就是这个动机决定了所教的科目，某些知识应该提供，某些知识应该抑制，也决定了什么样的思想习惯是学生所应该养成的。至于怎样培养思想与精神方面内部的生长，几乎什么都没有做；事实上，受教育最多的人，他们的思想和精神生活变为萎缩是极常见的事情，他们缺乏冲动，只拥有一定量的机械式的才能来代替生动的思想。

目前的教育所完成的事情之中，有些是任何文明国家的教育所必须继续完成的。例如，一切儿童必须继续教以怎样写字与读书，而某些儿童必须继续学得某些专业，像医学、法律或工程等所需要的知识。科学和艺术所需要的高等教育，对于那些适合的人是必要的。除了在历史、宗教以及类似事情上以外，结合实际的教学只有恰当，而并非一定有害的。在实施教学的时候，可以用更自由的精神，应当更多地试图指出它的最后的用处；当然，它的里面有许多是传统的和死的东西。但是大体说来，这是必要的，并且成为任何教育体系的一部分。

唯有在历史、宗教以及其他可以争辩的科目之中，结合实际的教学是必然有害的。这些科目接触到学校所赖以维持的利益；而且这些利益所以维持学校就是为了要把这些科目上的一定的观点灌输下去。在每一个国家里，历史的教学总是要赞美国家：儿童学习和相信他们自己的国家永远是对的，几乎永远是胜利的，差不多一切伟大的人物都是产生于他的国家里，而且在一切方面都比其他国家优越。因为这些信仰是颂扬性的，所以很容易被吸收，而且几乎从来没有被后来所得的知识把它从本能方面驱逐出去。

举一个简单而很平凡的例子：关于滑铁卢战争的事实，大家知道得很详细，并且细小的地方也都正确；但是在小学里所教的事实，在英国、法国和德国将会大不相同。一个普通的英国男孩子，在他们想象中，普鲁士人没有出什么力；一个普通的德国男孩子，想象着在布吕歇尔的英勇把危局挽救过来的那一天，惠灵顿实际上已经被打败了。如果在两个国家里都把事实正确地讲授出来，国家的骄傲不会培养到现在那样的程度，没有一个国家会感觉到如有战争，胜利是这样地有把握，因而可以削弱愿意作战的心理。要防止的正是这个结果。每一个国家要想促进国家的骄傲，而且意识到如果采用没有偏见的历史，就不能达到这样的愿望。毫无防御的儿童受到歪曲、压制和暗示的教育。在各国所教的关于世界历史的虚伪的观念，是属于鼓励斗争和培养顽固的国家主义的那一类。如果要保持国与国之间的良好关系，第一步就应当把一切历史的教学提交给一个国际性的委员会，由他们来编出一套中立性的课本，从而摆脱像现在到处所要求的那种爱国主义的偏见。①

---

① 我们最近已经达到一个深度，甚至于比歪曲儿童的思想还要低下。要把儿童组织起来，使他们成为由父母的感情所培植出来的憎恨与残酷的天真工具，关于这件事情的做法，可以看1917年9月5日的《教师世界》(*Teacher's World*)。在某一天，学校里的每一个男女学生要写一封信给一个现役军人的朋友，"他们的信必须给他们的读者一个衷心的祝贺；一个真诚而坚定的握手。信中不单是说，'您好吗'，而且说'您在打胜仗，我们为您而骄傲。我们当始终和您在一起。人人都在支援您'，等等"。"最重要的是，这些信一定要写得自然……年龄较大的孩子应该完全自己来写。年龄较小的应该尽可能少请人家帮忙。年龄极小的可以按老师在黑板上所写的格式，写上一两行令人愉快的话。"

　　恰好是同样的事情，也适用于宗教。小学实际上是经常掌握在某些宗教团体的手里，或是在一个对于宗教抱着一定态度的国家手里。一个宗教团体是通过这样的事实而存在的，就是它的成员对于某些问题都有某种确定的信仰，而关于这些问题的真理是无法确定的。宗教团体所办的学校，对于本性常好发问的青年，不得不防止他们发现这些确定的信仰已被并非不合理的别种信仰所反对，而且许多最善于评判的人认为没有充分的证据来支持任何确定的信仰。当一个国家已经将好战变为习俗，像在法国那样，国家设立的学校变为和教会学校一样的武断（据我了解在法国的小学里，"上帝"一词是不许提到的）。在这一切事例中结果是一样的：自由发问是被阻止的，并且在世界最重要的事情上，儿童所遇到的不是武断就是冷酷的沉默。

　　不仅在初等教育中有这些坏处。在更高级的教育中，采取了比较巧妙的形式，并且做了更多的努力来隐蔽它们，但是它们还是存在着。伊顿公学和牛津大学在一个人的脑子里打上一定的烙印，正像耶稣会大学所做的一样。我们很难说伊顿和牛津有一个**有意识的**目标，但是他们有一个断不因为没有正式提出而削弱或减损其效力的目标，几乎一切从它们那里出来的人，都养成一种对于"礼貌"的崇拜，这对于生活和思想，跟中世纪的教会有同样的危害性。"礼貌"跟表面的虚心是很相配合的，准备听取各方面的意见，对于反对者也是和蔼有礼。但是，它并不合于根本上的虚心，也不是内心准备重视另一方面的意见。它的本质自以为最重要的事情是一种待人接物的行为，这一种行为可以减少平等人中间的摩擦到最低限度，而对于下面的人可以巧妙地使他们产生一种印象，使他们相信自己的浅薄。当作一种政治上的武器，在一个谄上骄下的民主里，来保持富人的利益，那是再好没有了。把这个作为一种手段，使那些有钱而没有坚强信仰或非常愿望的人成为有礼貌的社会**中间分子**，它是有些长处的。在其他方面都是令人可憎的。

　　"礼貌"的坏处来自两个源头：它完全相信自己的正确，以及它相信正确的礼节比智力或艺术的创造、生命的活力或任何其他世界进步的来源，更为需要。完全自信，照它本身来说，足以使有此自信的人，他的思想进步受到阻碍。如果它还兼有轻视大思想家所几乎必有的傲骨和不知礼节，那它对于一切和它接触的人变成了一种破坏的来源。"礼貌"本身是死的，不能生长的，而且由于它对于那些没有它的人的态度，它把自己的死气传播于许多本来可以有生命的人。它对于有钱的英国人和对于那些有能力来使有钱人注意到他们的人所加的损害，是计算不尽的。

只要教学的目标是产生信仰而不是思维，是强迫青年对于可疑的事情持有一定的意见，而不是使他们看到可疑之点来鼓励他们独立思考，那么，防止自由发问是无可避免的。教育应该培养求真理的愿望，而不是相信某种特殊的信条就是真理。但是在战斗的组织里，是信条把人团结在一起的：如教会、国家、政党。在战争中，由于深信一种信条而产生了效率：胜利属于这样一些人，就是他们对于按理性的态度来说，应该怀疑的事情，却感觉到最坚强的肯定。为了产生这个高度的信仰和战时的效率，采用培养遏制的方法来阻止新思想的滋长，于是儿童的本性被歪曲了，他们自由的展望被遏制了。对那些头脑不很活动的人来说，结果是成见万能；对于那少数思想没有完全被扼杀的人来说，变成愤世嫉俗，智能无力，恶意讥评，能把一切活的东西看成愚蠢，只会毁灭他人的创造的冲动而自己又不能加以补充。

用压制思想自由而得到的战斗中的成功是暂时的，极无价值的。终究，思想的活动力对于成功和对于一个良好的生活是同样的重要。把教育当作一种锻炼的方式，当作一种通过奴化来达到一致的手段，这种教育的概念是很普通的，而为它辩护的主要理由是它能引导到胜利。那些好用古代历史来作比喻的人们，会指出斯巴达战胜雅典的故事来加强他们的教训。但是，对于人类的思想和想象有力量的是雅典而不是斯巴达：如果我们能够回转过去，生活在古代的某一时期里，那么我们中的任何人都宁愿生在雅典而不愿生在斯巴达。在现在的世界里，在实际的事务方面也需要那么多的智力，甚至于外界的胜利也可能更需要用智慧来取得，而不是依靠驯服。使人轻信的教育，经过一个时期，很快就会将思想引导到腐朽；使自由发问的精神活着，是达到进步所不可缺少的最低限度的要求。

一定的思想习惯通常由从事教育的人灌输进去：服从与纪律，无情地争取世俗的成功，对于反对派的轻视和一种不发生疑问的轻信，对于教师的智慧被动的接受。这一切的习惯是和生命相反的。我们应该把目的放在保全独立和冲动上，来代替服从和纪律。教育应该设法发展思想上的公平来代替无情；教育应该慢慢地注入敬意和谅解的态度来代替轻视。对于他人的意见，不一定要同意，但是如有反对，应该和想象的理解及清楚地认识反对的理由相结合。目标应该在于刺激建设性的怀疑、对大胆思想的爱好、凭思想上的进取心和大胆来战胜世界的感觉，而不是轻信。由于不关心思想上的事情，满足于现状和把具有个性的学生屈从于政治目标，是这些坏处的直接原因；但是在这些原因的下面还有一种更基本的原因，就是把教育当作在学生身上得到权力的一种手段，而不是培养他们自己生长的手段。就

在这点上显出缺乏敬意；也只有增加敬意才能完成
一个根本的改革。如果要维持班级的秩序和进行任
何一种教学，那么服从与纪律被认为是不可缺少的。
在某种范围内这是对的；但是比较那些认为服从与
纪律本身有其必要的人所想的范围要小得多。服从
就是一个人的意志听从外来的指挥，是和权力相对
的东西。在一定的场合下，可能两者都需要。对倔
强的儿童、精神病人以及犯罪的人，需要使用权力，
或者需要强迫服从。但是，当这样做成为必要的时
候，是一件不幸的事情：所需要的是自由选择目的
而不必加以干涉。并且教育改革者已经指出这事的
可能性远比我们的前辈所相信的大得多。①

　　使服从在学校里好像成必要的原因，在于由虚
伪的经济学的要求所引起的人数众多的班级和工作
过度的教师所造成。那些没有教学经验的人，无法
预料要做到真正有生气的教学所需要消耗的精神。
他们以为可以合理地期望教师的工作时间与银行职

---

① 蒙台梭利夫人设法把服从与纪律减到最低限度使教育得到好处，
　她在这方面的成就差不多是个奇迹。

员一样长。高度的疲倦和易受刺激的神经是其结果，并且绝对需要把当天的任务机械地完成。但是任务不能机械地完成，除非强求服从。

如果我们严肃地对待教育，并认为使儿童的头脑保持活力和在战争中得到胜利同样的重要，那么我们所办的教育就要大不相同了：我们应该坚持要达到目的，即使所花的费用要比现在高出百倍。对于许多男女来说，少量时间的教学工作是一件愉快的事情，并且能以一种新鲜的兴趣和生气来做到，这样能使大多数的学生发生兴趣，一点也不需要纪律。至于少数不感兴趣的学生，可以把他们跟其他的同学分开，给以另外一种教学。一个教师应该在大多数的日子里，能教多少就教多少，真正能在工作中得到愉快，而且能够了解学生思想上的需要。结果师生间会变成一种友谊关系而不是敌对关系，大多数的学生也会认识到教育是为了发展他们自己的生命而服务的，而不是一种单纯的外来的灌输，妨害他们的游戏，并且要求他们作很多时间的静坐。总之，为了要达到这个目的，必须用更多的钱，使教师能有更多的空闲，而且有一种自然的对于教学工作的爱好。

　　纪律，像它现在存在于学校里那样，在很大程度上是一件坏事。有一种纪律对于几乎一切的成就是必要的。这一种纪律，在那些反抗传统方法的、单纯外界纪律的人，恐怕还不曾加以充分的重视。那种合于要求的纪律就是从内心产生出来的一种纪律。它存在于一种坚决追求一个较远目标的力量之中，在这个过程之中舍弃了许多东西，并且在许多事情上吃了苦。这里面也含着次要的冲动服从于意志，它是一种凭着大的创造愿望来指导行动的力量，即使当它们并不活跃的时候，也是如此。没有这一个，就没有真诚的大志可以实现，不管这志气的好坏如何；也没有坚实的目标可占据优势。这一种纪律是很必要的，但是只能是由于急切不能达到的目标的那些强烈愿望的结果，并且只能由教育产生，如果教育是培养这种愿望的话，而现在的教育是很难做到这一点的。这样的纪律是从一个人自己的意志里发生出来的，而不是从外界的权力来的。这种纪律不是现在大多数学校里所寻求的一种，而在我看来成为坏事的也不是这一种。

虽然初等教育鼓励了存在于被动的服从中的不适当的纪律，虽然现在的教育很少鼓励坚决自主的道德纪律，却有某种纯粹思想上的纪律，那是从传统的高等教育产生出来的。我所指的那一种纪律是能使一个人的思想随意集中在任何一件他有时要研究的事情上的意志，不管他脑子里本来有什么事情或烦恼或智力上的困难。这样一种特性虽然没有重要的内在的优点，但把头脑作为一种工具的效率大大地提高了。正是这一个特性使一个律师能够掌握一个专利案件中的科学细节，这些东西等到判决下来之后，就不记得了。或者一个公务员能够很快地把许多不同的行政上的问题连续加以处理。就是这一特性能使人在业务时间里忘却了私人的忧虑。在一个复杂的世界里，这一个性能对于那些必需集中思想来工作的人是十分必要的。

在形成思想纪律方面的成功是传统的高等教育的主要功绩。除用强迫或说服使人主动地注意于一项指定的工作以外，我怀疑是否能做到这一层。主要是为了这个理由，我不相信蒙台梭利夫人那样的方法也能适用于已超过儿童时代年龄。她的方法的本质，是在一切有教育意义的作业之中选出一个大多数儿童最感兴趣的。儿童的注意是完全自发的，像在游戏中一样；他喜欢这样来获得知识，而他所不想要的知识是得不到的。我相信对于年幼的儿童，这是最好的教育方法：根据实际的效果来看，几乎不可能想出别种方法。但是难以看出这种方法怎样可以引导到由意志来控制注意力。对许多必须思考的事情是不感兴趣的，有些事情即使在开始的时候对其感兴趣，但往往还没有用必要长的时间来加以考虑，就已经感到非常厌倦了。一种长时间集中注意的力量是非常重要的，而且除用外界的压力在开始的时候诱导它成为一种习惯以外，恐怕不能广泛地获得。不错，少数男孩子有充分强的知能上的愿望，由于他们自己的进取心和自由意志，情愿忍受一切必要的事情；但是对于其他人，要使他们彻底学会任何一科，必须先有外力的诱导。在教育改革者中间，对于需费大力的要求，有一定的惧怕，照整个世界来说，不愿意招麻烦的心理也愈来愈大。这两种趋势都有它们好的一面，但是两者也都有它们的危险。当一个男孩子在智能方面的兴趣和大志能够充分地刺激起来的时候，思想的纪律受到危害可以仅用劝告来保全，而不必用外界的强迫。一个好教师应该能够为任何一个孩子做这一件事情，只要那个孩子能够作出许多思想上的成就；至于为其他许多人，现在纯粹的书本教育可能不是最好的。这样，只要能够认识思想纪律的重要性，凭着唤起学生对于自己需要的意识，当他能做时，就能做到这点。如果我们不希望教师采用这个方法而获得成功，教师们就容易流入迟缓和鲁钝而去责备学生，实际上是他们自己的过失。

只要社会上的经济结构一天不改，经济斗争的残酷将会几乎不可避免地在学校里讲授。这种情况必然特别会发现于中间阶级的学校里，因为他们的人数要依靠家长们对他们有好评，所以要依靠宣传学生的成绩来博取家长们的好评。这是许多道路之一，在这些道路上，国家的竞争性组织是有害的。

自发的和不图利益的求知欲望，在青年中间绝非是不普通的事情，而且在许多人中的这种潜在的愿望，可以容易地把它激发出来。但是这些愿望被教师们残忍地加以阻遏，因此他们只想到考试、文凭和学位。至于比较能干的学生，他们没有思想的时间，也没有时间使他们智能方面的爱好得以畅所欲为，从第一次进学校起一直到离开大学为止。从头到尾，没有别的，只有一个长时期的辛苦忙碌于考试的赏赐和课本上的事实。最聪明的学生，到临了，厌恶学习，只希望把它忘掉，而逃入一个行动的生活中去。但是在那里，像从前一样，经济机构又把他们当作俘虏，因此他们一切自发的愿望受到了伤害和挫折。

考试制度和教学主要是为谋生作训练这一事实，引导青年人用一个纯粹功利的观点来看待知识，把它作为赚钱的道路，而不是当作智慧的门径。如果这仅影响到那些没有真正智能兴趣的人，那还没有什么大关系。但是不幸得很，受影响最大的是那些智能上的兴趣最浓的人，因为考试的压力落在他们身上最为严重。把教育当作占据他人上风的一种手段，对于他们也最为严重，对于其他人也达到某种程度；这样互相传染开去，使大家无情地追求和歌颂社会的不平等。任何自由而无私的思考显示出，在乌托邦里没有什么不平等会存在，而实际上的不平等，几乎都是违反正义的。但我们的教育制度，除失败以外，往往把这一点完全隐藏起来，因为那些成功的人已经踏上依靠不平等来得到利益的道路，受到曾经教育过他们的人的一切鼓励。

被动地接受教师的智慧，对于大多数的男女孩子是容易的。这不需要努力来作独立思考，看起来似乎是合理的，因为教师比他的学生懂得多；再加以这样做可以博取教师的欢心，除非他是一个非常与众不同的人。但是被动接受的习惯，在后来的生活中是一个不幸的习惯。它教人寻求一个领袖，而且接受任何一个稳坐在领袖位置上的人作为他的领袖。这一种造成了教会、政府、政党干部会议和其他一切组织的权力，把普通人错误地引导到拥护对国家和自己都有害的旧制度。可能独立思考也不会怎样多，即使教育做了一切的事情来促进它；但是必然会比现在所有的多。如果目的是要使学生思考，而不是叫他们接受某些结论，那么教育的实施将会大不相同：将会减少很快的讲授而多从事于讨论，给学生以更多的机会使他们受到鼓励来发表自己的意见，更多地尝试使教育的内容能使学生感到一些兴趣。

　　最重要的是努力设法来激起和鼓舞对大胆思想的爱好。我们所生活于其中的世界是多样性的和惊人的：有些事情似乎很平淡，但是越加研究越觉得难；另一些事情，或许有人认为不可能被发现，倒被天才和勤勉揭露出来了。思想的力量，能涵盖广大区域，然而更多的广大区域现在还只能模糊地引起想象，这一切给那些思想已经越过日常事务的人一种丰富得惊人的材料，使他们从熟悉的日常事务的琐屑和厌倦中逃避出来，这样一来，整个生活充满了兴趣，也打破了庸俗的监狱的墙。就是这样一个冒险的爱好，把人带到了南极，就是这样一种断然试验的力量的热情，使有些人欢迎战争，它能够在创造思想里，找到一条出路，既不浪费，也不残忍，而且由于把人类精神从不可知的东西里面所取得的某些光辉，混合在生活里边，因之增加了人的尊严。把这一个喜悦，在或多或少的程度上，给予一切能这样做的人，这就是最高的目标。为了这个目标，思想教育应该加以重视。

有人会说，由大胆思想所得到的喜悦一定是很少的，只有少数人能够加以欣赏，而普通的教育不能管到这一贵族式的好事。我不相信这种说法。大胆思想所带来的喜悦，在青年中比较在成年人中间普通得多。在儿童中间这是很普通的，而且是从假装和幻想的时期里自然生长出来的。在后来的生活中所以稀少，是因为在教育中用尽一切方法来把它消灭掉。人怕思想，好像世界上没有比它更可怕的东西了——比毁坏更可怕，甚至于比死还可怕。思想是颠覆性的和革命的，破坏的和可怕的，思想对于权益，对于已建立的制度和舒适的习惯是毫不留情的；思想是无政府的和无法律的，对于权力不关心，对于历代以来久经考验的智慧也不放在心上。思想看到地狱的深处而不怕。它看到人像一件软弱的微小东西被包围在深不可测的寂静之中；但是它仍然举止骄傲，不为所动，好像它是宇宙的主宰一样。思想是伟大的，迅速的和自由的，是世界的光，是人类主要的光荣。

但是如果要使思想为许多人所有，而不是少数人的特权，那么我们一定怀着恐惧去做。恐惧使人倒退——害怕他们所抱的信仰会被证明是误信，害怕他们所赖以生活的制度会被证明是有害的，害怕他们自己会被证明不应该像他们一向所想象的那样受人尊敬。"工人应该自由地想到财产么？那么我们富人将变成什么样？青年男女应该自由地想到性的问题吗？那么道德将变成什么样？士兵应该自由地想到战争吗？那么军队纪律将变成什么样？滚开罢，思想！回到成见的荫庇之下去，否则财产、道德和战争都要受到危害！人，与其让他们的思想自由，还不如让他们愚蠢、懒惰和沉闷。因为他们的思想如果自由了，那么他们或许不会像我们想的一样。因此不管要付出什么代价，都必须避免这种灾害。"反对思想的人在他们不易觉察的灵魂深处就有这样的论调。所以他们在教会里、学校里和大学里就这样做起来了。

没有一种从恐惧出发的制度能够促进生活。人类事业的创造的原理是希望，不是恐惧。一切使人成为伟大的，都是从要得到好东西的尝试中产生出来，而不是从要避免思想上认为坏事情的斗争中产生出来的。正因为现代的教育这样难得受到伟大希望的鼓舞，所以它也这样难以完成伟大的结果。今天统治着掌握青年教育的那些人的头脑的，是保全过去的愿望，而不是创造未来的希望。教育的目的不应该在于被动地注意死的事实，而应该注重于一种活动，以我们的努力所要创造出来的世界为方向。教育应受到鼓励，不是以惋惜的心情追求那已灭亡的希腊和文艺复兴时代的美景，而是追求辉煌的远景，指出将来应有的社会，思想在未来的时间内所要完成的胜利和人窥测宇宙的日益广阔的眼界。凡是在这样的精神之下教育出来的人，将会充满了生命、希望和喜悦，能够尽他们的力带给人类一个比较过去更光明的未来，而且对于人类的努力所能创造出的光荣具有信心。

第六章
婚姻和人口问题

在过去的100年之中，基督教对于日常生活的影响，就整个欧洲来说，已经很快地衰落下去。不仅是名义上的信徒的比例在下降，甚至那些信仰深而专一的人也在大大地减少。但是有一种社会制度，依然受着基督教传统的影响很深——我指的是婚姻制度。关于婚姻的法律和舆论，直到现在还是在很大的范围内受着教会的教义的统治，它就这样继续影响着男人和女人以及和他们关系最密切的儿童。

我现在所要考虑的是把婚姻作为一种政治制度，而不是把它作为每一个人的私人道德的事件。婚姻是用法律来规定的，而被认为是一件社会有权干涉的事情。我所要讨论的是关于婚姻的社会行为：究竟现在的行为，是否在促进社会的生活，如果不，那么它应该用怎样的方式加以改变？

关于任何一种婚姻制度，可以提出两个问题：第一，它怎样影响有关男女的发展和品性；第二，它对于儿童的繁衍和教育有什么影响。这两个问题是完全分开的，一种制度从这两种观点中的一点来看可能是很适合的，但是从另一点来看却极不相宜。我主张先来描绘一下现在的英国关于两性关系方面的法律、舆论和习惯，然后来考虑它们对于儿童的影响，最后考虑怎样用另一种制度来去除这些坏影响，同时又可以对于男女的品性和发展有一种比较好的影响。

英国法律的根据在于期望大多数的婚姻能够维持到终身。只有证明夫妇的一造，不是两造，犯了通奸罪才能解除婚姻。如果"犯罪的一造"是丈夫，他一定也犯虐待罪或遗弃罪。即使这些条件都具备了，实际上只有富足的人才能离婚，因为费用是很大的。[1] 婚姻不能因为有精神病或犯罪，或任何可恶的虐待，或遗弃，或两造都犯通奸罪而解除；也不能因为夫妇双方，不管什么原因，自愿同意离婚而解除。在这一切的事例中，法律把男女的结合看作是终身的。有一个专司其事的官吏，叫做王室的代理人（the King's Proctor），用来防止因两造勾串而发生的离婚或因两造都犯奸而发生的离婚。[2]

---

[1] 从前有一个关于穷人诉讼（Suits in *forma pauperis*）的规定，但是因为种种理由，这个条文等于虚设；近来有一个新而比较好的条文，但是依然不能令人满意。

[2] 下面一封信［见《新政治家》（*New Statesman*），12 月 4 日，1915 年］可以说明他的活动的性质：

离婚与战争

致《新政治家》编辑

　　先生，下面偶然发生的事实或者可使你们的读者发生兴趣。依照新的便利伦敦穷人离婚的条件，有一个穷苦的妇女新近就她的丈夫获得一个离婚的假判决（decree nisi，在一定时日前不提出反对理由时即作确定的判决。——译者注），她的丈夫把她打得遍体鳞伤，把恶疾传染给她，又犯了重婚罪。在这个重婚的婚姻关系中，他生了 10 个非法的孩子。为了阻止这个假判决成为正式判决，国库里至少在税款里支付了 200 英镑来聘请一个著名律师和一个出色的助理律师，又从 100 英里外的一个城市里招来 10 个证人以便证明这个妇女曾在 1895 年与 1898 年内偶然犯过与人通奸罪。唯一的结果是这个妇女可能因为极度穷困而被迫再犯通奸，而那个丈夫在传播疾病方面，可以像对待（转下页）

这种有趣的制度，体现了大约五十年前英国
国教的意见及大多数非国教信徒当时及现在的意

（接上页）他的妻子一样对待他的情妇而不受处罚（原文为"对
待他的妻子一样对待他的情妇"，有误，改译。——译者注）。在
差不多每一个其他文明的国家里，这样的婚姻一定已经解除，私
生子女也可以因为后来的婚姻而成为合法，用国库的钱聘请的律
师也不会因所做的事从社会里得到巨大数额的公费，他的作为，
在其他大多数的律师看来，以效果论，是完全反社会的。如果任
何律师真正认为这样的诉讼有益于社会，那么他们为什么不能像
那些帮助那妻子的律师一样，没有报酬而为人服务呢？如果我们
要在战争时期实行经济节约，为什么王室代理人不请了一个助理
律师就算满足？事实是这样，许多和这对夫妇处境相同的人宁可
避免私生儿女，于是人口出生率就受影响。

　　另一件事情是这样的。甲先生对于甲太太和乙先生起诉而获
准离婚，乙先生是有妻子的。乙太太听到了离婚之诉，就对于乙
先生获得了一个假判决。乙先生随时有可能被召到前线去，但是
乙太太有几个月没有去请求把这个假判决变为正式判决，因此他
不能跟甲太太结婚，像他自己感觉到理应如此做的那样。但是法
律准许任何申请人，男的或女的，得到一个假判决而又听其为了
可能是不名誉的动机不去把它变成一个正式判决。离婚法委员们
（the Divorce Law Commissioners）严厉斥责这种情况，而这个问
题的艰巨性在战争期间更大大地加重起来，正像战争促使了许多
重婚案件，这是由于我们的战士抱着勇武的愿望想为他们事实上
的妻子和家属得到一笔国家的分居津贴。那合法的妻子往往以类
似的关系跟另一个男子相结合。我把这些事实向你们的报纸提出
以便研究，因为我注意到你们时常埋怨着人口出生率的降低。我
们婚姻法的不合正义是促成人口出生率降低的一个重要因素。

　　　　　　　　　　　　　　　　　　　　E.S.P. 海恩斯
　　　　　　　　　　　　　　　　　　　　11 月 29 日

见。他们所依据的理由是：通奸是罪恶，夫妇中间有一造犯了这个罪，另一造如果有钱可以报复。但是当两造都犯了同样的罪，或没有犯罪的一造并不感到义愤，那么报复的权利就不存在了。只要理解了这个观点，那么初看似乎奇怪的那个法律，后来就会看作完全没有矛盾了。就广义来说，它根据于4个命题：（1）婚姻以外的性交是罪恶；（2）"无罪"的一造对于通奸的愤怒是做坏事者应得的恐怖；（3）这一种愤怒，如不包含别的情况，可以正当地认为共同生活已成为不可能；（4）穷人对于高雅的情趣没有权利。英国国教，受了高派教会的影响，已不再相信第三个命题，但是它仍旧相信第一、第二个，并且没有积极的行动来说明它不相信第四个。

违反婚姻法的处罚，一部分是属于经济的，但是主要取决于舆论。群众中间只有一小部分人真正相信婚姻以外的男女关系是罪恶的；凡是相信这种说法的人，对于有不同想法的朋友的行为，当然不会知道的，因此他们能够过着生活而不知道别人是怎样生活和怎样想的。这一小部分的群众不仅把违反他们的原则的行为看成腐败的，并且对这类意见也是如此。他们能够通过对于选举的影响而控制政客的宣言，也能够通过主教的出席而控制上议院的投票。他们用这些手段来控制立法，使婚姻法的任何改变成为不可能。他们已能够在大多数的事例中做到这一点，一个人如果公然违反婚姻法，那么他将被开除职务，或因他的主顾和当事人的不信任而遭到毁灭。一个医生或律师，或是一个乡镇上的小商业者，如果他是一个众所共知的"不道德者"，那他就无法生存。一个政客，如果这样，那就不能在议会中待下去。一个人自己的行为不管怎样，他不会公然替一个身上有罪恶烙印的人辩护，以免有一些恶名会落到他自己身上。但是只要一个人还没有打上烙印，反对他的人极少，不管他们私下知道他在这些方面的行为怎样。

由于处罚的性质关系，不同的职业中人受到的处罚也极不相同。一个演员或新闻记者常常逃避一切处罚。一个城市里的工人几乎经常能够为所欲为。一个靠私人事业为生的人，如果他不想参加公共生活而又能选择适当的朋友，那他不会吃什么亏。妇女，从前比男人吃亏得多，现在却吃亏得少了，因为有一个庇护着她们不会受到什么社会的处罚的很大的圈子，而且有一批数目增加得很快的妇女，她们不相信传统的法典。但是，对于除了工人阶级以外的大多数的男人，这处罚还是相当严厉，足以禁止他们犯法。

这种情况的结果，是让一种很脆弱的虚伪传播很广。它容忍很多违法行为，所禁止的只是那些一定会变为公开的事件。一个男子不得与一个不是他妻子的妇女公然同居，一个未婚的妇女不得有一个孩子，而且不论男或女都不得进入离婚法庭。除了这些限制以外，实际上有极大的自由。就是这一个实际上的自由，使法律的状态叫人看起来似乎容忍那些不接受法律所依据的原则的人。必须牺牲一些东西来缓和主张严格的人，但牺牲的不是快乐，而是孩子、共同生活、真理与诚实。我们不能认为这是主张维持法典的人所愿望的结果，但是也同样不能否认事实上他们所获得的就是这样的结果。超出婚姻以外的关系，如果没有孩子，还能保持相当的隐蔽，可以不受处罚，但是有些老实人或者已有了孩子，就要受到严厉的处罚。

以结婚的人来说，因为孩子的费用，所以对于生育的节制越来越多。限制得最厉害的就是那些家长责任感最大而最希望把他们的孩子教育得好的人，因为儿女的费用问题对于他们最感严重。虽然生育的节制，可能以经济的动机为最强，但是还有一个动机正在不断地加强它。妇女正在获得自由——不仅是外表的和形式的自由，而且有内心的自由使她们能够真正地思想和感觉，而不是依照接受下来的格言。对于那些信口开河、自以为是来谈论妇女的本能的男子们，如果知道了上述的情况，他们定会感觉惊奇。很多的妇女，当她们有充分的自由来考虑自己的问题时，不愿意有孩子，或者至多有一个孩子，使她们不至于一点没有带孩子的经验。有些聪明和头脑活泼的妇女，因为有了孩子，使其身不由己，因而引以为恨。也有些有大志的妇女，她们为了要做事业，没有时间去照顾孩子。有些妇女爱寻欢乐和漂亮，还有些妇女喜欢得到男子的羡慕；这样的妇女至少一时不愿生孩子，直等到她们的青春过去以后。这各式各样的妇女，在数量上都在迅速地扩大，我们可以肯定地说，在未来的许多年中，她们的数量会继续地增加。

要有把握地判断妇女的自由对于私生活或对于国家的生活发生什么样的效果，现在还嫌过早。但是，我想现在就可以看到，它将跟妇女运动的先驱者所期望的效果大不相同。男子曾经创立了一种理论，过去常为女子所接受，就是说妇女是种族的保护人，她们的生活以母道为中心，她们的一切本能都自觉或不自觉地朝向这个目的。托尔斯泰书中的娜塔莎就是这个理论的说明：她妩媚可爱，轻松愉快，富于情感，在结婚以前一直如此；结婚以后，她变成一个单纯有德行的母亲，没有什么精神生活。这样的结果，完全得到托尔斯泰的赞成。我们必须承认，从国家的观点来看，这是很适合的，不管我们对于它跟私生活的关系有怎样的想法。我们也必须承认，在身强力壮而文化不高的妇女中间，这可能是普遍的。但是在像英国和法国等国家里就变得越来越少了。妇女们越来越觉得母道不能令人满意，不合乎她们的需要。她们的个人发展和社会的前途之间所发生的矛盾也越来越多。要做些什么才能缓和这种矛盾，现在难以知道；但是我想有一件事情倒值得研究，就是矛盾如果不能缓和，那将会发生怎样的效果。

由于经济上的审慎和妇女们自由的日益增加互相结合的缘故，目前发生了一种非常特殊的选择性的出生率的现象。① 法国的人口实际等于不变，英国也在迅速地变为这样；这意味着有些部分是在减少，而其他部分是在增加。除非发生某些变化，不然的话，减少的部分实际上将消失，而将几乎完全被现

① 西德尼·韦伯先生在 1906 年 10 月 11 日及 16 日两次给《泰晤士报》的信中曾经举出一些有趣的事实；还有费边社的小册子也讨论这个题目；西德尼·韦伯的《人口出生率的下降》(第 131 号)["The Decline in the Birth-Rate", by Sidney Webb (no.131)]。还有些消息可以看英国皇家外科学会会员、医学博士纽斯霍姆所著的《下降的人口出生率：它的全国性和国际性的意义》("The Declining Birth-Rate：I to National and International Significance", by A. News holme，M.D.，M.R.C.S.；Cassell，1911)。

在日渐增加的那部分人口所填补。① 减少的部分包括整个中间阶级及熟练技工。继续增加的部分是极穷的、懒惰而嗜酒的、意志薄弱的——特别是意志薄弱的妇女，这些人往往是生育很多的。人口中积极相信天主教的部分有增加，就像爱尔兰人和布列塔尼人，因为天主教是禁止节制生育的。在减少的各阶级中，最优秀的成分减少得最快。工人阶级中优秀的孩子由于学习好而上升到专家职业的阶级中去；他们当然希望结婚的对象是他受教育的那个阶级而不是自己出生的那个阶级。但是他们因为除自己所赚的以外，没有其他的钱，所以年轻的时候不能结婚，或供养一个大家庭。结果是在每一代中把最优秀的分子从工人阶级中提取出来而实行人为的绝种，至少跟那些留下来的人比较起来是这样的。在专家职业的阶级中的青年妇女，凡是有进取心，有精力或者聪明的，大概都不愿意在年轻时结婚，当她们

---

① 死亡率的降低，特别是婴儿死亡率的降低，和人口出生率的降低同时发生，到现在为止，这方面的数字较大，使英国的人口能趋于上升。但是死亡率的降低是有一定限度的，而出生率可能很快降低到使人口数字的减少成为无可避免的地步。

结婚之后，也只愿意生一两个孩子。在过去，妇女要生活下去，只有结婚这一种方法；父母的压力和怕变为老处女的心理结合起来，迫使许多妇女去结婚，尽管她们完全没有担任妻子职责的倾向。但是现在，一个青年妇女只要有普通的智力就容易得到自己的生活，并且能够得到自由和经验，而不必有一个丈夫和一个有孩子的家庭的永久束缚。结果是她如果结婚，也是很晚才结婚。

为了这些理由，如果从英国的人口中抽出一些普通的孩子作为样品和他们的父母一起加以研究，可以发现审慎、精力旺盛、聪明和文明等条件，在做父母的人中间没有在其他一般人中间那样普遍。相反，懒惰无能、意志薄弱、愚蠢和迷信却比一般人为普遍。我们可以发现，凡是谨慎或精力旺盛或聪明或文明的人，实际上不能按照他们自己的数目生殖出来；就是说，以平均计算，他们每一个人没有两个孩子可以抚养长大。另一方面，那些具有相反品质的人，平均每人不止生两个孩子，所以生殖出来的比他们自己的数目多。

这种情况对于人口的品性究竟会有怎样的影响，因为现有的关于遗传的知识还很不够，所以无法估计。但是只要儿童继续和他们的父母住在一起，父母的榜样和早期的教育对于品性的发展一定有很大的影响，即使我们把遗传完全搁开不谈。人对于天才究竟怎样去看，不去管它，但是毫无疑问，智力，不论是通过遗传还是通过教育得来的，有遗传给下一代的倾向，而且家庭之间腐化堕落的现象成为常事的，那里的人的智力标准一定降低。如果我们的经济体系和道德标准不加改变，那么在以后的两三代中，一切文明的国家，人民的品性将会迅速地变坏，而且最文明的国家里，人口将有实际的减少，那是不成问题的。

目前使人口出生率缩小的特点如果能去掉，那么人口的减少，多少会自行及时纠正过来。仍然相信天主教的男女们有一个生物学上的优点；渐渐地会生长出一个种族来，他们对于一切理性的攻击都不为所动，他们会坚决相信，节制生育将使人堕入地狱之火。妇女们有思想的兴趣的，喜欢艺术或文学或政治的，愿意有一个事业或重视她们的自由的，会渐渐地少起来，而安于做母亲，除家务以外，没有其他兴趣，不以母道的负担为可厌的类型，将会越来越多地取而代之。这一结果，是历代以来男性统治所徒然争取而没有做到的，可能就是将来妇女解放和妇女们试图进入一个比过去男子们因妒忌而把她们关闭起来的更广的范围的最后结果。

假如要弄清事实，我们或许在罗马帝国时代可以找到曾经发生过与此类似的某些事情。在公元第二、第三和第四世纪里，精力和智力的衰退永远是一件或多或少神秘的事情。但是有理由认为，当时和现在一样，每一代人民中最好的因素不能把他们再繁殖出来，而大概说起来，种族的延续下去倒是依靠那精力最低的人。有人或者会妄加推测，以为文明达到了一定的高度，会变成不稳定，通过某种内在的弱点，不能将本能的生活适应于一个高度文化时期的紧张的精神生活，因而走向衰落。但是这样暧昧的理论，常有些浮滑和迷信的成分，所以没有价值，不能作为科学的解释或行动的指导。要得到真正的解决，不在于文字的公式，而应当在细致的和复杂的思想中去寻求。

让我们先来弄清楚我们所需要的是什么。增加人口没有什么重要性；相反地，欧洲的人口如果不变动，那将会更容易促进经济改革和避免战争。**现在**所感到遗憾的，并不是人口出生率降低的本身，而是事实上降低最大的是人口中最优秀的成分。因而有理由恐惧将来会发生三种不好的结果：第一，英国人、法国人和德国人在数量上绝对的衰落；第二，由于这个衰落的后果，他们将被文明较低的种族所征服而他们的传统遭到灭亡；第三，那些既没有智力又没有预见的人，经过几代的淘汰之后，他们的数量在一个低得多的文明水平上得到复兴。如果要避免这个结果，现在人口出生率的不幸的淘汰作用，不得不设法加以阻止。

这是一个适用于整个西方文明的问题。我们不难找到理论上的解决办法，但是要说服人们采取一个在实际上解决的办法，就大有困难，因为所担忧的后果不是急迫的，而且在这一问题上人们不习惯于运用理智。如果一个合理的解决方法曾被采用过，那么可能就是国际间的竞争。这是明显的，如果一个国家——譬如说德国——采取了一种合理的手段来处理这件事，它对别的国家会占到很大的便宜，除非别国也这样做。战事结束以后，人口问题可能会受到比以前更大的注意，并且可能会从国际竞争的观点来研究这些问题。这一个动机，不同于理性和仁爱；恐怕有力量足以克服人对于用科学方法处理出生率的反对意见。

过去，在大多数的时期里和大多数的社会里，男女们的本能会自行引导到超过足量的人口出生率；马尔萨斯的人口论在他写作的当时是正确的。现在对于野蛮和半文明的民族以及文明民族里最坏的成分，还是正确的。但是对于西欧和美洲半数的更文明的人口来说，已经成为不正确了。在他们中间，本能甚至于不再足以保持人口的稳定不变。

我们可以把关于这一点的理由按照重要性的次序归结如下：

1. 抚育儿女的费用是极大的，如果他们的父母是有良心的。

2. 越来越多的妇女不愿有儿女，或者至多有一两个，这样使她们的事业不致受到阻碍。

3. 因为妇女过多，所以有数目相当大的妇女不结婚。

这些妇女，虽然实际上不排斥她们与男子发生关系，但是法律不许她们有儿女。在这一类中，可以找到大量的而且越来越多的妇女，她们自己谋生，像商店里的打字员，等等。战争把许多从前排斥妇女的职业向妇女开放，这个变化可能只有一部分是暂时性的。

如果要遏制人口中最优秀的部分的逐渐绝种，那么第一迫切的需要是去除节制生育的经济的动机。抚育儿女的费用应该完全由社会来负担。他们的衣食和教育，不仅对于极穷的孩子作为慈善事业而供给，还应该作为公共利益对于一切阶级都供给。除此以外，一个能够赚钱的女人，她为了母道而放弃工资，应该从国家得到一笔收入相当于她因没有儿女而可得的工资。由国家来供养母亲和儿女，只附带一个条件，即父母的身心方面，凡是足以影响儿女的，都必须健全。凡不健全的人，不应该排斥他们有儿女，但应该仍旧像现在一样，由他们自己来负担儿女的费用。

我们应该认识法律仅仅通过儿女的问题而与婚姻有关系，至于所谓"道德"，是根据风俗习惯和《圣经》的内容，而不是根据社会需要的真正考虑，应该与法律无涉。那过多的妇女，现在是各方面都阻碍他们有儿女，应当不再受到阻碍。如果儿女的费用由国家来负担，那么国家根据优生学的理由，有权来了解谁是父亲，并且要求他们的结合有一定的稳定性。但是没有理由要求或期望终身的巩固，或者两者同意离婚的时候，还要求具备其他的离婚条件。这才有可能使现在不能结婚的妇女也可以有孩子，如果她们要的话。这样，可以防止大量不必要的浪费，而且可以避免许多不必要的不幸。

这样一个体系没有立即全部付诸实施的必要。可以在社会里某些特别适宜的部分先试行起来。然后把从第一次试验所得的实际经验逐渐加以推广。

如果出生率增加得很多，优生学上的条件可以要求得更严格些。

在实施这样一个计划时，当然有各种实际上的困难：教会和传统道德拥护者的反对，惧怕父母责任的削弱，以及费用问题等。虽然，这一切都可以克服。但是还有一件困难似乎不可能在英国完全克服，就是整个概念是反民主的，因为它认为某些人比别人优秀，因此要求国家对于某些人的儿女比别人的儿女应该给以更好的教育。这一个是跟英国的一切进步的政治原理相反的。因此，难以期望这样一种处理人口问题的方法会在这个国家里全部采用。类似这样的事情，可能会在德国做得很好，如果是这样，它会使人确信德国的霸权这样的事情不是单靠军事的胜利所能做到的。但是在我们中间，我们只能希望看到它局部地、一件一件地加以采用，可能只有在社会的经济结构改变以后，才会把进步党派现在正确地试图减少的人为的不平等现象消除其大部分。

到现在为止，我们研究的是种族传代的问题，而不是两性关系在培养或阻碍男女们发展的效果问题。从种族的观点来看，所需要的似乎在于从一切身心健全的父母身上完全去掉因儿女而起的经济负担，而且法律上应该尽量地给以自由，只要儿女的父系为大家所知道。当这个问题是从有关的男女的观点来研究时，似乎要求同样的变化。

关于婚姻，正像人与人之间其他一切传统的束缚一样，正在起着一种极不平常的变化，作为新生活发展的一个阶段，那是完全不可避免而且完全必要的，但是在完成以前，决不能说已经完全令人满意了。一切传统的束缚是建立在**权力**之上的——属于君王的、封建贵族的、僧侣的（或牧师的）、父亲的，以及丈夫的。这一切束缚，正因为它们是建立在权力上的，所以正在解体，或者已经解体，而创造出来代替它们的其他的束缚，现在还极不完全。为了这个理由，目前的人类关系是非常的平凡，而且在打破自我的坚墙方面，现在比从前做得更少。

婚姻的理想，在过去是依靠于丈夫的权威，它是妻子所承认的一种丈夫的权利。丈夫是自由的，妻子是自愿的奴隶。在一切和夫妻共同有关的事情上，认为把丈夫的命令作为最后的决定，是当然的。
妻子必须要忠诚，而丈夫，除非在信仰宗教极虔诚的
社会中，只期望他对不忠诚的行为加以适当的隐藏而
已。家庭人数要加限制只有节欲，但是妻子没有权利
可以要求节欲，尽管她因生育频繁而怎样地吃苦。

　　只要男女们深信不疑丈夫的权威是他应有的权
利，这一种制度就相当令人满意，而且供给男女双
方一种本能上的满足，这种满足在现在受过教育的
人们中间是很少的了。只有一个意志，就是丈夫的
意志应当顾到，所以不需要有调整的困难，像共同
的决定必须取决于两个平等的意志所要求的那样。
对待妻子的愿望，不够严肃，不足以使她们阻挠丈
夫的需要，而且妻子本身，除非她是非常的自私，
并不寻求自身的发展，或看到婚姻之中除尽义务的
机会以外还有什么别的东西。因为她并不寻求或期
望多大的幸福，所以得不到幸福的时候，她比现在的
妇女所感受的痛苦少些：她的痛苦不含有愤慨或惊奇
的因素，所以不会轻易转为悲哀或受到伤害的感觉。

　　我们祖先所称扬的圣人般的自我牺牲的妇女，

在某种社会的根本概念里有她的地位，这就是统治中世纪的命定的教会权威政治的概念。她跟忠臣、义仆以及"教会的正统的儿子"（the orthodox son of the Church）等属于同一类的观念。这整个一类的观念已经从文明世界消失了，希望它永远归于消失，尽管事实上产生这类观念的社会曾经是重要的而且在某些方面充满了高贵的性质。那旧的一套已被新的正义与自由的理想所消灭，从宗教开始，转移到政治，而最后达到婚姻与家庭的私人关系。当"为什么一个妇女要顺从一个男子"这样一个问题一经提出的时候，当一旦从传统和《圣经》中得到的回答不足以令人满意的时候，就没有可能再来维持旧的服从关系了。对于每一个能不涉及个人关系而自由思想的人，他明白那样的问题一经提出来的时候，妇女的权利和男子的权利是完全相等的。任何危险与困难，任何暂时的混乱，在过渡到平等的时候都可能会碰到，但是理性的要求是这样的坚决和明确，以致任何的反对都不能希望有长久的成功。

现在所要求的相互的自由使旧式的婚姻成为不

可能。但是一种新的形式，既要成为一种为着本能的平等的良好工具，又要成为精神发展上的平等的帮助，还没有发展起来。就目前而论，妇女意识到自由是应该保全的东西，但也意识到保全的困难。渴求控制，是大多数男子性欲的组成部分，尤其是那些强壮和严肃的男子。许多男子理论上完全反对专制，但这种愿望还是存在着。结果是一方面为自由而斗争，另一方面为生活而斗争。妇女觉得必须保护她们的个性；男子往往极愚蠢地觉得对于他们所要求的本能的抑制是和活力与进取不相配的。这些相反的心情上的冲突，使一切真正人格上的融洽成为不可能；男子和妇女仍旧成为生硬的、隔离的个体，他们继续自问究竟结婚之后有什么好处。其效果是关系变为平淡而暂时的，仅是一种快乐而不能使一种深切的需要得到满意，是一种刺激而不是一种成就。人生根本的寂寞仍原封未动，要得到内心伴侣的渴望还没有满足。

这样的烦恼不是轻易可以得到解决的。这一个烦恼对于最文明的男女影响得最厉害，这是由于思想进步所必然产生的日益滋长的个性感的结果。我怀疑有什么根本的疗法，除非有某种宗教，得到人这样坚定和虔诚的信仰，甚至可以控制本能的生活。个人不是他自己存在的终点与目的：个人以外，还有社会，人类的前途和广大的宇宙，在它里边，我们的希望和恐惧只不过是一个针尖。男女之间如果对于双方的生活的精神能互相尊重，除了男子的整个生活以外，能够彼此感到自己的渺小，那么可以做成伴侣而不至于妨碍自由，并且可以达到本能的结合而不至于侵犯到精神和思想的生活。宗教既曾统治旧式的婚姻，宗教也必须统治新的婚姻。但这必须是一个新的宗教，建立在自由、正义和爱的上面，而不是建立在权威、法律和地狱之火的上面。

浪漫主义运动，由于把注意力集中在应该是偶然好的事物上，而不是关系之所以存在的目标，因而已经在男女的关系上产生了不良的影响。能使婚姻有真实价值的就是爱情，它像艺术和思想一样，是使人生有保全价值的重要事项之一。但是，虽然没有爱情不成其为良好的婚姻，最好的婚姻却有一个超越爱情的目标。两个人的互爱范围太小，跟社会隔离太远，它本身不足以成为一种良好生活的主要目标。它本身不足以成为活动的充分来源，它所看到的远景不够大，因此不能造成一种可以获得最高满意的生存。它带来了高潮，然后带来了低潮，因为是低潮，就不能令人满意。它迟早会变成供人回忆的事物，像一个埋葬已死的欢乐的坟墓，而不是一个新生命的源泉。任何一个目标，如果要在一个单一的最高的情感里求得完成，这一种缺点是不可避免的。唯一适当的目标，是那些会伸展到将来、永远不能完全完成，但是经常在生长、与人类的努力共趋于无穷的目标。只有当爱情与这种无穷的目标结合在一起时，它才能有它所可能有的深度和严肃性。

就大多数的男女来说，两性关系的严肃性，最大的可能是通过儿女来达到的。对于多数人，儿女是一种需要而不是一种愿望：本能通常只是有意识地朝着过去所引导的儿女的事情上去。要有孩子的愿望往往是在中年发展起来的，在那个时候，一个人为了自己的生存而冒险已成过去，青年时代的友谊似乎不像以前那样重要，一个寂寞的老年的远景开始引起恐怖，而没有前途的感觉变为沉重。于是那些当年轻的时候不觉得儿女可以满足他们需要的人，开始后悔他们从前看不起那常规，而对那些从前认为平凡的熟人，开始产生羡慕。但是为了经济上的原因，常常不可能使年轻人，特别是最优秀的年轻人，有了孩子而不致牺牲对于他们自己的生活有重大关系的事情。因此青春逝去了，感觉到需要已经太迟了。

当生活发展成为跟原始的生存有更多的不同时，只有需要而没有相应的愿望越来越变为普通，而我们的本能是从原始生存中得来的，对于原始生存比对于现在的生活，它们要适合得多。一个不满足的需要，结果会产生同样多的痛苦和性格上的歪曲，如果它和自觉的愿望联系起来的话。为了这个理由，同样也为了种族的缘故，把现在经济上引诱人不要儿女的原因去掉是重要的。我们没有任何必要促使不要孩子的人去做父母，但是有必要使没有不要孩子心理的人免受阻碍。

在谈到男女关系中保持严肃的重要性时，我并不是说，不严肃的关系是一定有害的。传统的道德注重于不应发生的事情而不注重于应该发生的事情，这是错误的。重要的是男女之间迟早应该找到他们本性上可能有的最好的关系。究竟什么是最好的，不是一定可以预先知道的，也不一定有把握不把最好的东西错过，如果一切有怀疑的东西都加以抛弃的话。在原始的种族之间，一个男人需要一个女人，一个女人需要一个男人，他们并不区别这一个比另一个是更合适的伴侣。但是由文明生活带来的性情上的日趋复杂，越来越难于得到一个可以带来幸福的男人或女人，也越来越有必要使承认一件错误不要成为太难的事情。

现在的婚姻法是一个从比较简单的时代遗传下来的东西，它之所以得到支持，主要在于不合理的恐惧和轻视精神生活方面一切细致和困难。为了法律，使多数的男女，就他们显然的关系来说，被判给一个性情完全不合的人来作伴，抱着痛恨的意识知道这是实际上无法逃避的。在这些情况之下，常想跟别人得到更幸福的关系，但是那样的关系只能是秘密的，不能有共同的生活，也不能有孩子。这样的关系，除了必须保密是极大的坏处以外，还有某些不可避免的缺点。这些关系往往过分地以性欲为重，使人激动而感到烦扰；并且在本能上也很难得到真正的满意。唯有把爱情、儿女和共同生活结合在一起，才能得到男女之间最好的关系。现在的法律把儿女和共同生活局限在一夫一妇制的范围以内，但它关不住爱情。因为迫使许多人把爱情跟儿女和共同生活分开，法律就束缚了他们的生活，阻止他们达到可能发展的最高尺度，而且对于那些不以平凡生活为满足的人，加以完全不必要的折磨。

总括起来说：现在的法律、舆论和我们的经济制度的状态是趋向于降低种族的品质，而使人口中最坏的一半做了下一代一半以上人的父母。同时，妇女对于自由的要求正在使旧式的婚姻成为男女双方发展的障碍。如果要使欧洲的民族不退化，如果要使男女的关系能有过去最好的婚姻中所有的高度的幸福和固有的严肃性，那么一个新的制度是必要的。新的制度必须根据一个事实，就是生男育女是对于社会的一种服务，不应该使做父母的人受到沉重的经济上的惩罚。它应该认识到无论法律或舆论，除了关于儿女的问题以外，不应该干涉男女之间的私人关系。它应该除去使男女关系成为秘密和无儿女的诱因。它应该承认，终身的一夫一妇制当它顺利的时候，虽然是最好的制度，但是由于我们的需要日趋复杂，使它失败的机会也越来越常见，最好的防治方法是离婚。这里，跟别的地方一样，自由是政治智慧的基础。当自由已经取得以后，剩下来所要求的东西应该付诸各个男女的良心和宗教。

第七章
宗教和教会

　　自从中世纪末期起，几乎世界上所经历的一切变化都起因于新知识的发现和传播。这是文艺复兴、宗教改革和工业革命的主要原因。这也是教条的宗教归于腐朽的很直接的原因。经典著作的研究以及关于早期教会史，哥白尼的天文学和物理学，达尔文的生物学和比较人类学，接二连三地把天主教教义体系的某些部分加以轰毁，到后来，在几乎一切有思想、有教育的人看来，可以作为辩护的至多是一些内心的精神、一些模糊的希望和一些不很明确的道德责任感。这样的结果，或许还会仅仅存留于少数知识分子中间，但是事实上教会正以他们反对思想上的进步的同样的痛恨，几乎到处反对政治上的进步。政治上的保守主义使教会与工人阶级里任何有生气的东西发生冲突，并且在广大的圈子里传布了自由思想，假使不是这样，它们也许在几世纪中仍旧归附于正统。教条的宗教趋于腐朽，是好是坏，姑且不论，总之这是现代世界里最重要的事实之一。它的影响如何，现在还没有怎样表现出来；现在也不可能说将来会变成什么，但是它们的影响所及，一定是既深且远的。

宗教是一部分属于个人的，一部分属于社会的：对于新教徒主要是属于个人的，对于天主教主要是属于社会的。只有当这两种因素密切地混合起来的时候，宗教才成为改变社会的一股强大的力量。天主教，从君士坦丁到宗教改革的一段时期里，代表着一种混合状态，如果不是实际上确然这样做到，简直难以令人相信，它把耶稣基督和恺撒混合在一起，把自卑的顺服和罗马帝国的骄傲混合在一起。凡是爱好其中之一的可以从《底贝特》①里找到它；

---

① 《底贝特》(Thebaid) 是拉丁诗人斯塔提乌斯 (Statius) 的叙事史诗。——译者注

凡是爱好其中另一个的，可以欣赏都主教的骄态。圣方济各（St. Francis）和英诺森三世还代表着教会的这两个方面。但是从宗教改革以来，属于个人的宗教已经越来越处在于天主教教会，而仍旧属于天主教方面的宗教已越来越变成一种属于制度、政治和历史延续的东西。这样的分界已经把宗教的力量削弱：宗教团体不能因个人宗教观念强的人所有的热诚和单纯的头脑而加强，而这些人也不觉得他们的教义是因教会团体的力量而得到传布和巩固。

天主教在中世纪建立了一个最富于有机性质的社会，而且做到了西方世界空前的内心方面本能、思想和精神三者最和谐的一致。圣方济各、托马斯·阿奎那和但丁代表了个人发展方面的最高峰。大教堂、托钵僧团以及教廷对于帝国的胜利等代表着它在政治上的最高的成功。但是已经达到的成功还只是狭隘的成功：本能、思想和精神都因受到剪截，硬被纳入一个模型而感到痛苦。俗人因为要受教会的节制而感到愤慨，而教会用它的权力来实行贪婪和压迫。所谓完全的合一是对于生长的仇敌，自从但丁的时代以后，一切世界上活着的人就为了生存的权利而不得不跟旧制度的代表作斗争。这个斗争甚至于到现在还没有完。只有当这个斗争差不多完了的时候，在外界的政治世界里和人的内心思想世界里，才都有可能实现一个新的有机体的社会和一个新的内心的合一，来代替一千年来教会所支持的旧制度。

牧师专业的痛苦有两个原因，其中一个是和其他的专业相同的，另一个是他们这个专业所特别有的。特有的原因是习惯上认为牧师的品德比其他的人为高。人类中从普通人中选出的任何一部分人，把他们隔离开来，并且告诉他们在品德上他们胜过别人，势必要使这些人陷于普通人之上。在古代的君王或号称为"伟人"的人物中间，这种情形是很普通的。做牧师的人，他们的本性并不真像习惯上所想象那样比一般人优秀得多，所以上面所说的情况，也同样适用。还有一个对于牧师专业有害的原因是教会的财产。财产如果只供一种稳定制度的拥护者所利用，那么就有一种趋势使人对于那种制度的优越性的判断力发生歪曲。当财产与社会的考虑和获得微小权力的机会结合在一起的时候，这种趋势更为加强。当这种制度，用法律来束缚在一种古代的信条上面，几乎不可能加以改变，而与当前解放的思想又相脱离的时候，那么情况之坏，就达到极点。这一切原因，结合起来使教会的道德力量受到损害。

重要的倒不在于教会里的信条是错误的。造成缺憾的是信条只具有仅仅的存在罢了。一旦收入、地位和权力都依靠于接受不管什么样的信条，人在智力上的诚实就遭到危险。人会自己对自己说，只要形式上表示同意就可以证明他已经能够做好了。他们不能认识到凡是思想生活有生气的人，如果智力方面缺乏完整，那么他们就在各方面逐渐地不能单纯地看清真理，做好事的力量就会归于消失。政党纪律的严格要求，就在政治上引起同样的恶果；在那里，因为这个恶果是比较新的，所以许多认为在教会方面来说这并不重要的人就看得清楚。但是关于教会方面，这个恶果就更大，因为宗教比政治重要得多，也因为宗教的代表者应该完全没有缺点而更有必要。

我们在上面所考虑到的那些恶果，似乎与专业牧师制度的存在是分不开的。如果要使宗教在一个迅速变化的世界里不生危害，那么它必须像"教友会"一样，传教的人在一周之中都另有职业，他们专门热心从事于宗教工作，并非为了任何报酬。而且这样的人，因为他们懂得日常的世界，所以不至于陷入一种遥远而任何人都认为不适合于普通生活的不切实际的道德。因为他们是自由的，所以不受拘束，不必一定要达到预定的某种结论，他们可能会没有偏见地真实考虑到宗教和道德的问题。除在一个相当停滞的社会里，没有一种宗教生活能够保持活的或真能作为精神的支持，除非它能从牧师专业的重负之下释放出来。

主要是为了这些理由，所以目前在道德和宗教方面，从宗教世界中有名人物所产生的有价值的东西是这样地微小。当然，在号称为信徒中间，有许多人是十分真诚的，他们仍然觉得基督教有一种在它没有被知识的进步削弱以前所具有的感召力。这些真诚的信徒，对于世界是有益的，因为他们保持一种信心使它活着，即认为精神生活不论男女都是十分重要的。他们中间的某些人，在一切参战的国家里，敢于在基督的名义下，大胆宣传和平与爱，并且运用他们所有的力量来减少仇恨的深度。一切的赞颂应该归于他们，没有他们，世界甚至于将比现在更坏。

但是即使有传统宗教的最真诚和最勇敢的信徒，也不能通过他们使世界上有一种新的精神；也不能通过他们把宗教重新带给那些因思想活跃、不是因精神已死而失去宗教信仰的人。传统宗教的信徒必然向过去看，以求得到感动而不向未来看。他们在基督的教训中寻求智慧，基督的教训诚然是令人钦佩的，但是对于现代生活中许多关于社会和精神的问题是很不够的。艺术、知识和一切有关政府的问题，在"福音"之中是不知道的。那些像托尔斯泰一样的人认真地要想把"福音"作为人生的指导，不得不把无知的农民当作人类中最好的典型，并且用一种极端而不切实际的无政府主义来排除一切政治问题。

如果要使一个宗教的人生观和世界观能重新战胜有自由思想的男女们的思想和感情，那么我们在习惯上和宗教联合在一起的许多东西必须加以抛弃。第一个必要的最大的变化是建立一种有独创性的道德，而不是服从的道德，一种有希望的而不是恐惧的道德，一种应当做什么事情的道德而不是不应当做什么事情的道德。一个人仅仅逃离这世界以求免于上帝的震怒，不能算已经尽了他全部的职责。这个世界是**我们的**世界，要把它变成天堂或地狱都在于我们。权力是我们的，而且王国和荣耀也将是我们的，如果我们有勇敢和见识来创造它们。我们所必须寻求的宗教生活，并不是一个偶然的虔诚和迷信的禁戒，并不是忧郁和苦修的，它绝不注重于一些行为上的清规戒律。它将由人类应有的生活远景所激发出来，应以创造的喜悦而感到幸福，住在一个有独创有希望的广大自由的世界里。它将爱人类，不是从他们外表上来看，而是从想象上来看出他们内在的东西将会变成什么。它不轻易谴责，它所要表扬的是积极的成就而不是消极的清白，是生活的喜悦，迅速的爱和创造的见识，有了这些，世界会变得年轻、美丽而且充满了生气。

"宗教"这一个词有许多意义而且有一个很长的历史。从它的起源来说，它所注重的是从遥远的过去遗传下来的一些仪式，当初为什么要举行这些仪式的理由早已忘掉，而且逐渐结合着各种各样的神话来说明它们的所谓重要性。这里面有许多到现在还存在着。一个有宗教信仰的人是指一个到礼拜堂去的人，一个参加圣餐礼的人，像天主教徒所说的，一个"实行"（practises）的人。至于他是否有别样的行为，或者他对于人生和人在世界中的地位有什么样的感觉，按照宗教信仰的简单而历史上正确的意义来说，与他是否有宗教信仰的问题没有关系。在这种意义上，所谓有宗教信仰的许多男女们，如果照我所说的宗教一词的意义来看，他们在本性上一点也没有可以称为宗教的东西。单纯熟悉教堂里的仪式，使他们对这些仪式毫无了解；他们不知道一切历史和人类的经验对于礼拜仪式起了丰富的作用，他们听了复述得口若悬河的"福音"上的语言，对那些自命为基督门徒的几乎一切活动加以谴责也无动于衷。这样的命运必然会击败任何习惯的仪式：因为这样经常地做着而逐渐变为机械的动作不可能继续发生多大的效果。

人的活动大概有三个来源，虽然实际上彼此之间没有很显著的界线，但是可以充分地分别开来而给以不同的名称。我所指的三个来源是本能、思想和精神。这三者之中精神的生活造成了宗教。

本能的生活包括一切人与低等动物所共有的东西，一切关于保全自己和繁殖下代以及从这些衍生出来的愿望和冲动。它包括虚荣和爱好财物，爱好家庭，甚至于包括许多产生爱国行为的东西。它包括一切冲动，主要关于个人或个人所属的一个群体的生物方面的成功——因为在群居的动物中间，本能的生活也包括在内。它所包括的那些冲动，实际上不一定能够达到成功，而且事实上往往起了相反的作用，但是这些冲动**存在的理由**还是为了成功，而且它们说明了人的动物本性和人在一个竞争者的世界里的地位。

思想生活是追求知识的生活，从只是天真的好奇心起一直到思想的伟大努力。在动物中也有好奇心，并且为了一个显著的生物方面的目标而服务；但是只有在人类中才超过了探查某些特殊的东西是否可吃或者是否有毒，是友好的还是敌对的。好奇心是最主要的冲动，科学知识的整个大厦就是在它上面建立起来的。知识已经被认为这样的有用，大部分真实获得的知识不再是由好奇心所促成；现在有无数其他的动机合力来培养智力的生活。虽然如此，知识的直接爱好和不喜欢犯错误的心理仍占重要部分，特别是那些在学问上最为成功的人。没有一个人可以得到许多知识，除非他除了知道知识可以有用外，对于获得知识的本身感到愉快。获得知识的冲动和围绕着它的一切活动，构成了我所指的思想生活。思想生活所包含的思想是全部或局部与个人无关的，就是说它注意于事物的本身，而不单是因为它们跟我们的本能生活有关系。

精神生活围绕着无个人关系的感情，好像思想生活围绕着无个人关系的思想一样。照这样说来，一切艺术属于精神生活，虽然它的伟大性也是从它和本能生活密切结合而得来的。艺术发源于本能而升入于精神的领域；宗教发源于精神而力图统治和教训本能的生活。我们对于他人的忧愁和喜悦可能与自己的忧愁和喜悦感到同样的关切，对于自己完全无关的事情可能产生爱憎，也可能关怀到人类的命运和宇宙的发展而丝毫不想到与我们个人的关系。尊敬和崇拜，对于人类的责任感，对于传统宗教解释成为神的灵感的那些命令有不可避免和必须执行的感觉，这一切都属于精神生活。在这一切的深处，还存在着一种半揭露的神秘的感觉，一种隐藏的智慧和光荣的感觉，一种美化的幻象的感觉，在这个幻象里，一切普通的东西失去了它们坚实的重要性而变成了一种薄幕，在这薄幕的后面，可以模糊地看到世界上终极的真理。这样一些的感觉就是宗教的起源，如果这些感觉死亡了，那么大部分最好的东西也将会从生活中消失掉。

本能、思想和精神对于一个完整的生活都是重要的；各有各的优点，也各有各的腐朽的一面。各自都能牺牲了其他两个方面而达到虚假的优势；各自有一种侵犯其他两个方面的趋势；但是在我们所要寻求的生活里，这三者应该在互相协调之中得到发展，而且密切地融合在一个单一而和谐的整体之中。在未开化的人中间，本能占最高的位置，思想和精神是几乎不存在的。在目前的受教育的人中间，一般说来思想是发达的，但牺牲了本能和精神，因此产生了一种奇特的不近人情和生气索然的现象，个人的和非个人的愿望都感缺少，结果会产生愤世嫉俗和智力的毁坏。在苦行者或大多数号称为圣徒中间，精神生活的发展牺牲了本能和思想，因此产生了一种对事物的看法，这种看法，对于有健康的动物生活的人和爱好活泼思想的人都是不可能有的。在这些单方面的发展之中，不管哪一种，我们都无从找到可以带给文明世界以新生活的智慧或一种哲学。

今天在文明的男女中间不容易发现本能、思想和精神的和谐一致。很少人能完成一种切合实际的哲学把这三者分别放在适当的地位；大概说来，本能与思想或精神作斗争，而思想与精神又相互作斗争。这样的斗争迫使男女们把他们许多的精力用于内心方面，而不能把它全部用于客观的活动。当一个人击败了他一部分的本性来获得一种不稳定的内心的安宁时，他的生活力就受到了损害，因此他的发展不可能再是十分健康的了。如果人要保持完整，他们应该使本能、思想和精神达到调和一致，这是十分必要的。

本能是生活力的来源，是把个人生活和种族生活连结起来的纽带，是一切和别人结合的深切感觉的基础，同时也是一种手段，借此可以用集体生活来供给个别的个体生活的养料。但是仅有本能，我们无法控制我们本身里面和物质环境里面的自然界力量，使我们像树木的生长一样受着没有思想的冲动的束缚。思想，凭着与个人无关的思想的力量，能把我们从这个束缚中解放出来。本能或多或少地盲目地趋向于纯粹的生物方面的目标，而思想使我们能够批判地判断这些目标。但是思想在对付本能的时候，**只不过**是批评：就本能来说，思想的无限制的活动容易流于破坏性，因此产生愤世嫉俗主义。精神对于思想的愤世嫉俗主义是一种解毒剂：它使从本能发生的感情普遍化，感情既成为普遍化，对于思想的批评就无动于衷了。当思想受到精神的教训时，它失去了残酷的与破坏的性质；它不再促进本能的死亡，只是使它从固执与无情中净化起来，并且使它从意外情况的监狱中解放出来。本能给人以力量，思想给人以指导力量来达到所需要的目标的手段，精神指点出一种力量的非个人的运用，即思想所不能用批评来使它丧失信用的那种力量。这就是本能、思想和精神在一个和谐的生活中所应尽的职责的概要。

本能、思想和精神，当它们自由发展而没有受到破坏的时候，能彼此相互帮助；但是这三者中间如果有一个受到腐蚀，不单是受腐蚀的那一个会失败，而且其他两个也会中毒。这三者必须共同生长。如果要使它们在任何一个男子或女子身上发育完全，那么那个男子或女子切不可孤立起来，而应该成为社会的一分子，在那里生长不受挫折，不受到歪曲。

本能的生活，当它不受思想或精神的约束的时候，它会造成本能的循环：从冲动开始到或多或少明确的行为，然后通过这些冲动的行为的后果而达到需要的满足。冲动和愿望并非被导向整个循环，而只导向它的开端：其余的部分听之于自然的原因。我们要吃，但是我们并不要求滋补，除非我们是身体虚弱的人。但是没有滋补，吃不过是一种暂时的快乐，并不是生活的总的冲动的一部分。人要性交，但是一般说来，他们并不强烈要求或常常要求有儿女。但是没有儿女的希望和这种希望的偶然实现，性交对于大多数人来说，只是一种孤立的和个别的快乐，没有把他们个人的生活和人类的生活结合在一起，没有和他们所依以为生的中心目标相连接起来，也不能带来有了儿女才算完全的那种完成职责的深切感觉。大多数人，除非他们的冲动因为不用而已经萎缩，总有一种想创造一些东西的愿望，其范围大小是依照他们的才能来决定的。只有极少数人能够满足这个愿望：某些幸福的人能创造一个帝国，一种科学，一首诗，或一幅画。科学家比较其他的人在觅得一条创造的出路时，困难要少些，可以算是现代世界里有智力的人中间最幸福的人，因为他们的创造性的活动使他们在思想、精神和创造的本能方面都能够得到充分的满足。① 在他们中间，可以看到我们所要寻求的新的生活方式的开端；在他们的幸福之中，我们或许可以找到全人类幸福前途的萌芽。其余的人，除少数的例外，他们的创造冲动都受到挫折。他们不能盖自己的房子或造自己的花园，或把他们的劳动用于生产经过他们自由选择所要生产的东西。这样，创造的本能，本来应该可以引导到思想和精神的生活，现在受了阻碍而被抛开去了。它很容易转入毁灭一途，作为剩下来的可能的唯一有效行动。从它的失败之中产生了嫉妒，从嫉妒之中又产生了一种冲动，要把比较幸运者的创造力加以毁灭。这是本能生活趋于腐朽的最大的来源之一。

本能生活是重要的，不单因为它本身的关系，

---

① 如果不是因为大多数现代的艺术家在创作方面所遭遇到的困难似乎比科学家平常所遇到的要大得多，我应当添上艺术家。

或者因为它所激发起来的行动有直接的用处，也正因为它如得不到满足，则个人的生活会跟人的整个生活发生脱节而分开。一切人与人间真正深切的结合的感觉，都依靠于本能、协作或对于某些本能的目标的相互一致。这在男女关系和父母与子女的关系中最为明显。但是在更广泛的关系中也是如此。在由强烈的共同感情所支配着的大集会里，甚至于在全国的紧急时期，也都是如此。这是产生作为一种社会制度的宗教的价值的来源之一。在完全缺乏这个感觉的地方，就会把别人看作有距离而不可接近的。这个感觉受到有力的挫折的时候，就会把人当作本能上敌视的对象。这种相互间的距离或本能的敌视，可能被宗教的爱所掩饰，宗教的爱可以给予一切人，不管他们跟我们的关系怎样。但是宗教的爱不能作为沟通把人隔开的鸿沟的桥梁：它看到鸿沟的对面，它用怜悯或非个人关系的同情来看待别人，但是它不会和他们过同样的生活。唯有本能能够做到这样，但是也只有当它能生效，健全而直接的时候才能做到。为了达到这个目的，必须使本能的循环差不多经常得到完成，不在中途受到阻挠。目前它们是经常受到阻挠的，一部分受扰于为了经济或其他理由跟它们相冲突的某些目标，另一部分受扰于追求快乐，从整个循环中挑取了最喜欢的部分而避免了其余部分。这样，本能的重要性和严肃性被剥夺了；它变为不能有什么真正的成就，它的要求变为越来越过分，使生活不再成为一个有单一运动的整体，而变为一系列相互脱节的断片，其中有些是快乐的，但大多数是充满了厌倦和沮丧。

思想生活，它本身虽然非常优越，但不能使本能生活健全起来，除非它的结果有时会使创造的本能得到一条不很艰难的出路。在其他的事例中，大概说来，它跟本能隔离太远，太不衔接，过于缺乏内部的生长，因此既不能作为本能的媒介，也不能供给一种手段使它变为精细和纯净。思想在本质上是非个人的和隔离的，本能在本质上是个人的并且是和特殊的情况连结在一起的；在这两者之间，除非两者都已达到了高的水平，有一种不易调停的斗争。这是一个根本理由说明为什么会有活力论、未来主义、实用主义以及其他自称为有生气、有力量的各种哲学。这一切都代表一种尝试，想找到一种不同本能冲突的思想方法。这种尝试，就它本身来说，是值得称赞的，但是它所提供的解决方法太简便了。他们所提出的方法等于把思想屈从于本能，而不许思想完成它自己的理想。思想没有超越个人的界线就不成其为真正的思想：它不过是一种或多或少地聪明的利用本能罢了。唯有思想和精神才能使人超出禽兽的水平。把它们抛弃了，我们就会失去人类固有的优越性，但并不能因此得到动物的优越性。在想把思想与本能调和以前，必先使思想达到发育完全。

当精炼的思想和未经精炼的本能共同存在的时候，正像许多知识分子所有的情况，结果是完全不相信本能的帮助会得到什么重要的好处。照他们的性情来说，这样的人中间，有些会尽量地抛弃本能而变成苦行者，另外一些人当作必要条件而加以接受，但是把它降低地位而使它和生活中一切真正重要的东西隔离开来。这些途径中不论哪一条都会阻止本能保持其活力，或者阻止它成为其他东西结合的纽带；或者产生一种自然界的寂寞的感觉，产生一条鸿沟，在这鸿沟对面，别人的思想和精神可能在说话，但不是他们的本能。对于许多人来说，当战争爆发的时候，爱国主义的本能是沟通这个鸿沟的第一个本能，也就是第一次使他们感觉到真正深切地跟别人的团结。这一个本能，在强烈的时候，正因为它是新的，平常不熟悉的，所以没有沾染思想的影响，没有因为受到怀疑和冷酷的隔离而发生瘫痪或失去生气。由它所带来的团结的感觉，在比较正常的时候也能够由本能的生活带来，如果思想和精神对于它不加仇视的话。而且只要这个团结的感觉不存在的时候，本能和精神就不能调和起来，社会的生活也就不能有生气和新生的种子。

思想生活，当它不能和精神生活取得平衡的时候，因为它的孤独性，所以容易使一个人在内心方面与他人隔离。为了这个理由，只有思想而没有精神，能够使本能腐朽或萎缩，但是不能使本能生活更优越些。根据这个理由，有些人反对思想，但是要想阻止思想的发展决不能产生什么好的效果，因为思想有它自己的坚决的要求，如果在它的自然发展的方向之中加以阻止，那么它会转入别的方向而发生更大的危害。也可以说，思想本身好像上帝：如果思想和本能之间的矛盾不能调和，胜利应该属于思想。但是这个矛盾并非不能调和：所成为必要的只是思想和本能都应该受精神生活的教导。

为了使人类的生活有生气，必须使本能的冲动强盛而直接；但是为了使人类生活更为美好，这些冲动又必须受某些愿望的统治和控制，这些愿望应该是较少含个人因素的和不那样无情的，并且比起那些纯由本能所激起的愿望来更不容易引导到冲突上去。除了从个人生长的原理所产生出来的东西以外，还必须有些无个人因素而普遍性的东西。精神生活所能给人的就是这种东西。

爱国主义就是一个例子，说明我们所需要的一种控制类型。爱国主义是由好几种本能的感觉和冲动混合而生成的：如爱家庭，爱那些行动和看法同我们一致的人，在人群中互相合作的冲动，以及因自己一群的成功而产生骄傲的感觉。这一切冲动和愿望，像属于本能生活的一切事情一样，是属于个人的，就是说由它们所激起的对于他人的感觉和行为是取决于那些人同我们的关系，而不是取决于那些人内在的情况怎样。这一切冲动和愿望结合起来，使人产生一种对于自己国家的爱好。这一种对国家的爱，比起任何一种非导源于本能的爱，都更深地种植于他的全身组织之中，也更密切地与他的生活力结合在一起。但是精神如果不参加进来，把对于国家的爱加以普遍化，那么单有本能的爱，就会使它成为憎恨别国的一个来源。精神所能起的作用是使我们认识到其他国家同样地值得爱护，使我们爱国的热情启示我们它是值得爱的，只是由于我们本性的浅薄，使我们不能爱其他的国家像爱我们自己的国家一样。这样，本能的爱能够在想象之中引申出去，因此认为一切人类都有价值的感觉就会生长起来，这种感觉比那些本能的爱较弱的人所有的更有生气并更为强烈。思想只能指示我们偏爱我们自己的国家是不合理的；它能够削弱我们的爱国主义，但是不能加强我们对于全人类的爱。只有精神凭着它把从本能中产生出来的爱加以扩展和普遍化，才能做到这样。而且精神在这样做的时候，把本能生活中所有的坚决或无情或带有压迫性的属于个人的东西，都加以遏制或净化。

其他本能的爱，也需要通过精神而得到同样的扩展，如果不想使它们受到思想的削弱或腐蚀的话。夫妇之间的爱能够成为一件很好的事情，而且当男女们是十分朴素的时候，只要本能和幸运就可以使它达到一定限度的完美的程度。但是思想一旦开始对于本能行使批判的权利，就不可能再像旧时那样的单纯了。夫妇之爱，在让它只成为不加限制的本能的时候是非常狭隘的，太属于个人，挡不住讽刺之箭，直等到它为精神生活所丰富时为止。我们父母一辈所宣称的他们相信浪漫的婚姻的观点，今天已不能再和过去一样地存在了。他们那时好像在想象上旅行到了尽是一所一所别墅的郊外的街道上，每一所别墅里住着一对夫妇，当他们踏进了别墅的门槛，便彼此祝贺，以为在这里他们可以安静地爱着，不受人家的扰乱，不必和外面冷酷的世界相接触。这种与世隔绝和不通声气，这种懦弱和虚荣的好听的名称，关闭在千万间的小小别墅的四壁之内，对于那些牺牲了精神而受思想统治的人们，表示出冷酷无情的姿态。

在人类生活里，除了他本性所能达到的最好的东西以外，没有别的东西可以称为好的。当人类在进步的时候，过去所称为好的东西，只因为已可能有更好的东西而不能再称它为好。本能的生活也是如此：对于思想生活强盛的人来说，有许多东西在过去思想还没有像现在那样发达的时候，真够得上称为好的，到了现在，只因为在他们的世界观里已看到更大的真理，所以变成为不好的东西了。那个富于本能的人在恋爱之中觉得他的情感是举世无双的，他心上的女子是这样地十全十美，从来没有别的女子可以比得上她。但是那个已有非个人的思想能力的人就能认识到，当他在恋爱的时候，他只不过此时千千万万在恋爱中的一分子，而在这千千万万人中间，只有一个人可以正确地自己认为他的爱情是最高的，而那一个人不见得就是他自己。他看到那些本能未受思想或精神所影响的人所处的恋爱状态，是一种错觉的状态，为了"自然"的目的而服务，使人成为种族生活的奴隶，而不是为了他所认为好的非个人的目标而自愿服务者。思想拒绝做这样的奴隶；因为思想对于"自然"的目的决不退让，或放弃它真实思想的权利。"宁可世界毁灭而不愿我或任何人相信谎言"——这就是思想的宗教，在它的烈火之中，正把世界的渣滓化为灰烬。这是一个好的宗教，它的破坏工作必须完成。但是它并不是人类所需要的一切。在破坏之后必须跟着新的生长，而新的生长只有通过精神才能产生出来。

爱国主义和男女之爱，当它们纯粹属于本能的时候，都有同样的缺点：它们的排外性，它们的围墙，它们对于外面世界的冷淡和敌视。通过这种事实引起思想的讽刺，喜剧把人平常认为最神圣的感觉加以污辱，也正由于这一点。讽刺和喜剧都是对的，但是如果给它们以最高统治权因此可能把本能扼杀，那是不对的。说它们对，并不是把它们当作最高的智慧，只是把它们当作痛苦之门，人通过了它可以达到新生，在那里本能可以净化，但是同时也可以受到更深的愿望和精神的识力的培养。

凡是内心里有精神生活的人，对于男女之爱的看法，无论关于自己或关于别人，同单纯为思想所统治的人的看法大不相同。在他的见识之中，他看到在一切人类中有一些可爱的东西，有一些神秘的东西，有一些呼吁的东西，黑夜中的呼唤，暗中摸索的旅行，和可能的胜利。当他的本能发生爱的时候，他欢迎它的帮助来看出和感觉到他的爱人的价值。本能加强了精神的识力。本能所告诉他的事情，精神的识力加以认可，无论思想认为它是怎样的渺小，怎样的狭隘，并且筑起了围墙来阻止精神的放光。他的精神能在一切人里面识别他的本能，在他所爱的对象里指示给他的东西。

父母对于子女的爱也需要同样的改变性质。纯粹本能的爱而没有思想的抑制，不经精神的教导，就是排外的、无情的和不公道的。在纯粹出于本能的父母看来，任何有利于他人的事情，如果要损害他们的子女都是不值得去做的。对于父母为了子女而有的自私心，必须用荣誉和习惯的道德加以一定的重要和实际的限制，因为在一个文明的社会里，要得到人家的尊敬，必先满足一定的最低限度的要求。但是在舆论所容许的范围以内，父母的爱，当它单纯属于本能的时候，是只寻求子女的利益而不顾到别人的。思想能够削弱趋向不公道的冲动，并且减少本能的爱的力量，但是它不能够保全整个本能的爱的力量而使它转入更普遍的目标。精神能够做到这样。它能够使对于子女的本能的爱不受蒙蔽，并且把父母对于子女的切身的热爱在想象上扩大到全世界去。而且父母之爱的本身，能够促使有精神生活的父母，把正义的感觉、服务的志愿、对于他人的尊敬、控制自私自利的意志等他所认为比个人的成功更好的事物，传授给他的子女。

　　精神生活近来遭受损害，是因为它和传统的宗教联结在一起，它与思想生活显然对立，而且事实上它似乎集中于克己。精神生活要求在适当的时机之下愿意克己，但是在本质上它应该与思想和本能一样是积极的，而且能够把个人的生存丰富起来。它带来了幻想、神秘和世界的奥妙，以及对于生命的默想等的喜乐，而最重要的是对于普遍的爱的喜乐。它把那些有精神生活而关闭在坚强的个人情欲和世俗忧虑的牢狱中的人解放出来。它把自由、呼吸和美丽给与人的思想和感情，以及他们的一切对人的关系。它解决了疑难，结束了一切都是虚空的感觉。它恢复了思想和本能之间的和谐一致，并且引导着隔离的个体回到它在人生中原来的地位。对于那些一度进入思想世界的人，只有通过精神才能重新得到幸福与安宁。

第八章
什么是我们所能够做的

当我们活着的时候我们能为这个世界做些什么？

有许多男女要想为人类服务，但是他们迷惑不解，而且他们的力量似乎非常渺小。他们为失望所控制；热情最高的人，因为感觉到自己的无力，痛苦最深，而且因为缺乏希望的缘故，最容易造成精神的衰微。

我们如果只想到最近的将来，那么我们能做的事情似乎不多。我们恐怕不可能结束这场战争。我们不能消灭国家和私有财产的过大的权力。我们在此时此地不能把新的生活带到教育里去。在这些事情上，我们虽然能够看到弊病，但是我们不能迅速地用任何通常的政治方法来治好它。我们必须认识到这个世界是在一种错误的精神下管理着，也必须认识到一种精神的改变不是一朝一夕所能成功的。我们所期待的事情决不是明天就会实现的，但是今天少数人想到的事情，到时候自会变成许多人共同的思想。我们如果有勇气和耐性，那么我们就能想到和感到那些迟早会激动人的思想和希望，而且厌倦和沮丧会转化成为精力和热心。为了这个理由，我们必须做的第一件事情，是先在我们自己的思想之中，明确在这个世界里什么样的生活是我们所认为好的和什么样的变革是我们所愿望的。

大思想家的最后的力量远远超过那些受当代不合理政治痛苦的人所能看到的。宗教上的宽容曾经是少数大胆哲学家孤独的空想。民主主义，作为一种理论，发生于克伦威尔军队中的一小撮人；在复辟以后，由这些人带到美洲，在那里的独立战争之中得以实现。当时和华盛顿并肩作战的拉法耶特（Lafayette）与其他法国人把这个民主主义理论从美洲带到了法国。在法国，这个理论和卢梭的学

说结合在一起而激起了大革命。社会主义，不论我
们对于它的是非有怎样的想法，是一个伟大而不断
增长的力量，它正在把经济和政治的生活加以改
变；社会主义也是起源于极少数的孤独的理论家。
反对压迫妇女的运动，现在已经成为不可抗拒，而
且全胜之期已经不远，当初也同样发生于少数不
切实际的理想家，像玛丽·沃斯通克拉夫特（Mary
Wollstonecraft）、雪莱和约翰·斯图尔特·密尔等人。
思想的力量天长日久，毕竟要比任何人的力量来得
大。凡是有思想能力的人和有想象力能依照人的需
要而思想的人，就迟早有可能实现他们的理想，虽
然不一定在他们生前能够实现。

　　但是想依靠思想来赢得世界的人，应该准备在
眼前失去世界的支持。大多数人在生活的过程之中
不大提出疑问，而接受当前发生的信仰和习惯，以
为世界是他们的同盟者，如果他们不挺身而出同世
界反对的话。世界上的新思想与这种安逸的同意接
受是不相容的；它要求一定的理智上的独立性，一
定的孤独的毅力，一种内心方面统治世界的力量和

认为世界是在发展的看法。如果没有一些甘居寂寞的意念，新思想是不能完成的。如果寂寞之外再与超然的态度相结合，新思想也不能达到什么目标，因为这样一来，和他人团结的愿望就消灭了，或者理智上的独立性如果变为瞧不起人也是不行的。因为所需要的思想的状态是细致而困难的，因为理智上既要独立又非超然绝俗是不容易的，在人事方面有果实的思想是不寻常的，而且大多数的理论家不是因循守旧就是索然无味。正确的思想是稀有的，是难的，但它不是没有力量的。如果我们有志愿，要把新的希望带给这个世界，那么我们不必因为惧怕无力而放弃了思想。

在寻求一个在一定时期发生效用的政治理论的时候，我们不需要发明一个乌托邦，而应当找出运动的最好的方向。在某一个时候的一个好方向可能和另一个时候的一个好方向在面貌上大不相同。有用的思想一定要指出目前的正确方向。但是要判断什么是正确的方向，有两个永远适用的总的原则。

1. 个人和社会的生长和生活力要尽可能地加以

促进。

2. 一个个人或一个社会的生长要尽可能地少侵害到另一个人或另一个社会。

第二个原则，当适用于一个个人和其他个人有来往的时候就是**尊敬**的原则，就是我们应该感觉到别人的生活跟我们自己的生活有同样的重要性。当适用于无个人关系的政治时，它就是**自由**的原则，或者说它作为一个部分包含着自由的原则。自由本身是一个消极的原则；它叫我们不要干涉，但是它不曾指出建设的基础。它指出许多政治和社会制度是坏的，应当加以扫除，但是它不曾指出在它们的位置上应该建立起什么。为了这个理由，如果我们的政治理论不是纯粹破坏性的，就应当再加上一个原则。

要把我们的两个原则合并起来，事实上不是一件容易的事情。世界上大部分的生活力流入压迫的途径。德国人显出他们有非常充沛的生活力，但不幸他们所表现的形式似乎跟邻国人的生活力是不相容的。就一般来说，欧洲的生活力比非洲大，但是它利用它的精力通过工业制度把非洲弄得枯竭，甚至于连黑人所有的那种生活也不保了。东南欧的生活力也因为供给美国百万富翁的企业所需的廉价劳动力而正在变为枯竭。在过去，男子的生活力曾经是妇女发展的障碍，也可能在不远的将来，妇女会变成男子的相似障碍。为了这样的理由，尊敬的原则，虽然它本身还嫌不够，是极为重要的，而且能够指出这个世界所需要的许多政治上的改革。

为了使这两个原则都能得到满足，所需要的是做到统一或结合为一个整体，首先是关于我们个人的生活，然后涉及社会和世界的生活而并不牺牲我们的个性。个人的生活、社会的生活和甚至于人类的生活，不应该是互相脱离的断片，而应该在某种意义上是一个整体。在这种情况之下，个人的生长得到培养，而并不与他人的生长相冲突。这样，两个原则就取得和谐一致。

能使个人生活成为整体的是一个适合的创造性的目标或不自觉的方向。单有本能不足以使一个文明的男子或女子的生活达到统一：一定要有某种占优势的目标，一个大志，一种为科学或艺术创造的

愿望，一种宗教的原则，或强烈和持久的爱。一个
男子或女子如果曾经遭遇某种失败，那么生活的统
一是极为困难的，那种失败使本来可以占优势的冲
动受到阻碍而不产生效果。大多数的专门职业在刚
开头的时候就把这种失败加到一个人的身上。一个
人如果当了新闻记者，他可能不得不为一张与自己
政治主张不合的报纸写稿；这样他的工作上的骄傲
和独立的感觉都被杀死了。大多数的医师发觉非用
欺骗否则就很难得到成功，这样，不管他们有怎样
的科学良心都会被消灭掉。当政客的，不但一定要
把党纲吞咽下去，而且要装作圣徒模样，才能够同
宗教界的支持者和好相处；任何人如果不会假冒为
善就难以进入议会。没有一个专门职业对于人天生
的骄傲加以尊重，而没有这种骄傲，一个人就不能
成为一个完全的整体；这个世界无情地把它压挤出
去，因为它含有独立性，而且人们希图奴役他人的
愿望胜过了他们自己获得自由的愿望。内心的自由
是无限宝贵的，一个能够把它保全的社会就是我们
所极端希望的社会。

一个人生长的原理，并不因为阻止他去做某种特定的事情而必然会受到摧残，但是常常因为说服他去做些别的事情而遭到摧残。摧残生长的事情是指在有活力的冲动要想发挥效力的方向里产生无力的感觉的那些事情。最坏的事情是意志所容忍的事情。往往，主要因为没有自知之明，一个人的意志比较他的冲动的水平为低：他的冲动面向着某种创造，而他的意志面向着有相当充足的收入又有同辈的尊敬的惯常事业。最确切的例子是一个艺术家制成低劣的作品来取悦于大众。但是有很多人，他们虽然不是艺术家，却也有确实属于艺术家的那种冲动的某些东西。因为冲动是深藏而不会说话的，因为称为常识的东西常与它作对的，因为一个青年人只能跟着它走（如果他情愿建立起他自己的模糊的感觉来反对年长者和朋友的智慧和格言），所以在百分之九十九的事例中，可能产生自由而有活力的生活的创造性冲动，往往在一开始的时候就遭到阻碍和挫折：青年人同意做一种工具，而不是一个独立的工人，单纯是完成他人事务的一种手段，而不是自己本性所认为好的东西的制作者。在他表示同意的一瞬间，他内心的某些东西死亡了。他永远也不能再成为一个完全的人，永远也不能再有那未受伤的自尊心、正直的骄傲，这些东西可能使他在灵魂里感到愉快，尽管有外界的一切烦恼和困难——当然，他的生活方式如果有所转变或发生基本的变化不在此例。

意志所不同意的外来的禁令，比较用巧妙的引诱手段来使意志受骗，其害处小得多。在恋爱之中遭受强烈的失望，可能会造成最沉重的痛苦，但是对于一个有生活力的人，他内心所受的损伤不如为了金钱而结婚那样严重。主要的事情不在于完成这个或那个特殊的愿望，而在于那个方向，所要寻求的**那种**效率。当基本的冲动被意志反对的时候，它就会感觉到软弱无力；它不再有足够的希望成为一个有力的动机。外来的强迫不会造成同样的损害，除非它产生同样的无力的感觉；而且冲动如果是坚强而勇敢，那它不会产生同样的无力的感觉。至于特殊的愿望会遭遇某些挫折，即使在最理想的社会中也是难免的，因为某些人的愿望，如果不受限制，会引导到压迫或破坏别人。在一个良好的社会之中，不会容许拿破仑自己所选择的职业，但是他可能在美国西部做一个开拓者而得到幸福。如果叫他当市府办事员，他是不会感到幸福的，社会里任何有容忍力的组织也不会强迫他去当市府办事员。

要使个人生活成为整体，它必须体现一个人所有的创造性的冲动，并且他的教育应该是一种能够启发和加强这种冲动的教育。要使一个社会成为整体，应该使各类男女的不同的创造性冲动共同协作，以达到某些共同生活，共同目标，这种目标不一定为自己所觉察到，但社会的一切成员能在这里找到他们个人成就所需要的帮助。从有活力的冲动所发生的大多数的活动是由两部分组成的：一部分是创造性的，它用同样的冲动或在同样的情况之下使一个人自己的生活和别人的生活都得到促进；还有一部分是占有性的，它用不同的冲动或在不同的情况之下阻碍了某一群人的生活。为了这个理由，凡是本身最有活力的东西，其大部分可能反而对于生活起着相反的作用，就像 17 世纪清教主义在英国所做的，或像今天民族主义在整个欧洲所做的一样。生活力容易引导战争或压迫，从而丧失生活力。战争，在开头的时候，把一个国家的生活变为一个整体，但把世界的生活拆散了，而在长期过程中，当它像现在的战争那样剧烈的时候，就连一国的生活也会被拆散。

　　从战争中可以明白，当文明国家之间由侵略和猜疑所统治的时候，在一个单独的社会里不可能产生一个巩固的完整的生活。为此，任何真正有力的改革运动都应当是国际性的。纯粹是一国的运动，由于恐惧外来的危险，必然会遭到失败。凡是愿意有一个更好的世界，或者甚至于愿意在他们本国之内有一个剧烈改进的人，应当同别国中间有相似的愿望的人互相合作，并且把他们大部分的精力用来克服战争所加深的盲目敌视。局部的完整，像单纯的爱国主义所能产生的那样，不可能得到任何最后的希望。问题是在国家和国际间的问题中，好像个人生活一样，怎样可以在有活力的冲动里面保持它的有创造性的部分，并且同时把现在成为破坏性的部分转入到其他的途径里去。

人们的冲动和愿望可以分成创造性的和占有性的。我们的活动，有些是针对着创造一些不经创造不会有的东西，其他是针对着取得或保全已经存在的东西。典型的创造性冲动是艺术家的冲动；典型的占有性冲动是占有财产的冲动。最好的生活是创造性的冲动占最大的地位而占有性的冲动占最小的地位。最好的制度是能够产生最大可能的创造性和最少的适合于保全自己的占有性的那些制度。占有可能是自卫的或是侵略的：在刑法里它是自卫的；在罪犯里面，它是侵略的。或许可以认为，刑法比罪犯可少一些恶，并认为只要侵略的占有仍然存在，自卫的占有就不可避免。但是即使是最纯粹自卫的占有形式，就它们本身来说，也是不值得羡慕的；实际上，它们一强盛的时候，就会敌视创造的冲动。"不要去想了，干脆说，我们要吃些什么？或是我们要喝些什么，或是我们拿什么来穿？"凡是懂得一个有力的创造性冲动的人，都懂得这个教训在正确的和文字意义上的价值：这是占有的先入为主，比较任何其他的事情为多，因此阻止了人们自由和高尚的生活。国家和财产是占有的最大体现者；为了这个理由，它们是与生活作对的，所以结果会发生战争。占有意味着取得或保全某些好的东西，使别人不得享受；创造意味着把一件好的东西放到世界中去，若不如此，就没有人能够享受。由于世界上物品必须在人口中间加以分配，也由于某些人是天生的强盗，所以必须有自卫的占有，在一个良好的社会里，它将根据某些不涉及个人的不公平的原则，被规定下来。但是这一切不过是一种良好生活或良好政治制度的开端，在这样的生活或制度里，创造的重量会完全胜过占有，而且分配的公平会作为不受注意的当然之事而存在。

在政治和私人生活里的最高原则都应该是**促进一切创造性的东西从而减少围绕着占有的冲动和愿望**。目前的国家在极大的程度上体现了占有的冲动：在国内，它保护富人，反对穷人；在国外，它用武力来剥削低等民族，并且和其他国家作竞争。我们的整个经济体系只关心占有；但是商品的生产是一种创造，而且除了绝对机械的和单调的工作以外，它可以为创造的冲动提供一种工具。如果把一定种类的商品的生产者组织成为一个自治的民主团体，只在商品的价格上受国家的管制而并不干涉它的生产方式，朝着这个目标，正是大有可为。

教育、婚姻和宗教在本质上是创造性的，但是这三者全都因为掺杂了占有的动机而遭到污损。教育通常是作为依靠灌输成见，来维持**现状**的手段，而不是用气度豁达的榜样和大胆思想的刺激来培养自由思想和高尚的眼界。在婚姻中，爱情本来是创造性的，但是被占有性的嫉妒的铁链锁住了。宗教，本来应该使精神上的创造性幻象得到自由，但是通常多注意于抑制本能的生活和打击思想的破坏性。在这一切方面，从不稳固的占有所产生出来的恐惧，代替了由创造力所激起的希望。掠夺别人的愿望，在理论上是被认为不好的；但是对于害怕被人掠夺的恐惧，也好不了多少。然而，这两个动机共同统治着十分之九的政治和私人生活。

不同的人的创造的冲动在本质上是一致的，因为一个人所创造的东西不会成为另一个人所要创造的障碍。唯有占有的冲动包含着冲突。虽然，在道德上和政治上，创造的和占有的冲动是敌对的，但是在心理学上，由于偶然的情况或机会，这一个容易渗入另一个中去。关于冲动的起源和使它们发生变化的原因，应该加以研究；教育和社会制度应该做到能够加强在各种人中间归于一致的冲动，而削弱那些引起冲突的冲动。我相信循着这样的途径所能完成的事情，是几乎没有限制的。

要使个人生活和社会生活能够得到单一方向的力量和统一性，在于通过本能而不在于通过意志。意志有两种，一种是对外的，另一种是对内的。第一种即对外的一种，是由外界的障碍引起它的作用的，不论是由于别人的反对或是由于工作上所遇到的技术上的困难。这种意志是在不能马上得到成功的时候，一种强烈冲动或愿望的表现。凡是生活富于生活力的人都有这种意志，只有当他们的生活力受到削弱的时候，才归于衰败。任何艰难的事业要得到成功就非它不可，所以没有它，伟大的成就是很少的。但是内在的意志只有在人的内心里发生冲动或愿望之间的冲突时才需要它；一个完全和谐的本性就不需要有对内的意志。这样完全的和谐一致当然是一个很少实现的理想：在一切人中所发生的冲动，是与他们的中心目标不相称的，如果要使他们的整个生活不致失败，必须把他们的冲动加以抑制。但是中心的冲动最强的人，这种情形更少发现；在一个以自由为目标的社会里要比在一个像我们那样的社会里更少发现；我们那样的社会是充满了古老的制度和一个专制的舆论所创造出来的人为的矛盾。凡是要想使他们的生活能体现某些中心目标的人，一定经常需要在必要时有一种产生对内意志的力量，但是有了更好的制度，对内意志需要的时机可以减少，它的重要性也可以减少了。这样的结果是十分需要的，因为当意志抑制了仅仅偶然有害的冲动时，它把一种本来可以用于克服外界阻碍的力量掉转方向，而且受到抑制的冲动如果是有力和重大的，它会实际降低可用的生活力。一个充满了内心遏制的生活往往不能成为一个很有活力的生活，而变为没精打采，缺乏兴趣。当冲动经常受到抑制的时候，它就容易死亡；如果不死的话，它会转入地下工作，而结果变成另一形式，要比以前受抑制时候的形式坏得多。为了这些理由，应该尽量避免运用对内意志的必要，而且行动的一致应该发生于冲动的一致而不是发生于用意志来控制冲动。

生活的统一不应该要求把形成娱乐和游戏的偶然的愿望压制下去；相反，应该想方设法使生活的主要目标能够容易和各种本质上无害的享乐结合在一起。有些事情像习惯性的喝醉酒，服用毒品，残酷的运动，或者使人痛苦以取乐等本质上都是有害的，文明人所自然欣赏的大多数的娱乐，或者绝对无害，或者是由于某些效果仅仅偶然有害，而这些效果在一个更好的社会里是可以避免的。我们所需要的，不是禁欲主义，或是一种单调的清教主义，而是把有力的冲动和愿望导向大的创造性目标的才能。当这样的冲动和愿望具有活力的时候，它们自然会带来形成一个良好生活所必需的东西。

但是娱乐和冒险虽然应该有它们的地位，如果它们成为了主要的愿望，也不可能创造出一个良好的生活。主观主义是一种习惯，它把思想和愿望引导到我们自己的心理状态上去而不是引导到某些客观的事物上去，这样必然会使生活成为断片的和不进步的。一个人如果以娱乐作为他生活的目标，他会渐渐地对于他所惯于从中取得娱乐的事物失去兴趣，由于他认为这些事物的本身并没有什么价值，而价值在于它们在他里面所激起的感觉。当它们不再能够使他得到娱乐的时候，他觉得腻烦了，就不得不另找新的刺激，但新的刺激也会跟着使他失望。娱乐是由一系列的断片所组成的，没有本质上的一贯性；一个能统一生活的目标，是一个需要某种长期的活动的，好像造一座纪念碑而不像儿童的沙之城堡。

主观主义，除了单纯的寻求娱乐以外，还有其他的形式。有许多人，当他们在恋爱之中，他们多注意于自己的感情而少注意于恋爱的对象；这样的恋爱，不会引导到任何真正的结合，根本的隔阂不会减少。一旦感情低落，体验已经达到了它的目的，于是似乎没有继续下去的动机了。另一方面，主观主义的同样的缺点，是受着新教和道德的培养，由于它们把注意力集中于罪和灵魂的状态，而不在于外部的世界和我们与世界的关系。这些主观主义的形式，没有一种能够防止一个人的生活不变为断片的和孤立的。只有一种发生于指向客观目标的优势冲动的生活，才能成为一个满意的整体，或者能密切地与别人的生活相结合。

寻求快乐和寻求德行，同样地吃到主观主义的亏：伊壁鸠鲁学派和斯多葛学派犯了同样的毛病。马可·奥勒留（Marcus Aurelius）制定了好的法律，以为这样可以成为一个有德行的人，但是他并没有成为一个有吸引力的人物。一种生活如果思想比行动多得多，必然会产生主观主义：对于外界的事物如果只是回忆或想望，而没有实际的经验，那它们就似乎变成为单纯的观念。我们对于它们内在的东西所感到的兴趣比较少，而对于它们在我们思想上所发生的效果兴趣比较大。这样的结果往往是从文明的增进中带来的，因为文明的增进不断地减少了活跃行动的必要，而增加了思想的机会。但是思想如果是主动的思想，针对着完成某些目标的，它也不会有这种坏的结果；唯有被动的思想才会引导到主观主义。所需要的是使思想跟冲动和愿望密切地结合起来。经常使它自己成为一种有客观目标的活动。否则，思想就会与冲动成为仇敌，对于两者都大有害处。

为了使普通男女们的生活少成为断片和各自分离，并且使他们有更多的机会来发挥他们的创造性冲动，仅仅知道我们所要达到的目标，或宣扬我们所要完成的事情的优点，还嫌不够。必须了解各种制度和信仰对于冲动的生活所发生的效果，并且找出用改革制度来改进这种效果的道路。而且当这种思想工作已经做到之后，我们的思想还是不毛之地，除非我们能够使它与某种强大的政治势力发生关系。唯一强大的政治势力是工党，可以期望得到它的帮助来促进必要的改革。所要求的改革绝大部分可以期望受到工党的欢迎，特别是在战后的艰苦时期里。当战争结束以后，工人的不满一定十分流行于整个欧洲，而且必然会组成一种政治势力，利用这种力量可以实现一个伟大而势如破竹的改造。

这个文明世界如果要从腐化中挽救出来，那就需要根本的变革——经济结构方面和人生哲学方面的改革。我们中间凡是觉得需要变革的，切不可静坐下来徒抱失望：我们如果需要变革的话，那就要使变革能够深深地影响将来。我们可以发现和宣传我们所需要的那种变革——就是能够保存现在的重要信仰中积极的部分的那种变革，而且，由于去掉它消极的和无关重要的部分之后，可以使一切不是完全反动的因素都来通力合作。等到**哪一种**的变革是我们所需要的问题一经明确之后，就可以把它的部分的东西更详细地规划出来。但是非等到战争结束，否则一切细则都无所用处，因为我们还不知道战后的世界到底是什么样的世界。唯有一件事情似乎不用怀疑，就是在由战争所产生的新世界里，需要许多新思想。传统的观点将没有多大的帮助。人们最重要的行动不受传统政治哲学认为重要的那些动机所领导，这是很清楚的。产生和支持战争的冲动，是从比大部分政治论据都要更深刻的领域中产生出来的。而且在反对战争者的中间，有少数人的反对战争也是从同一深处出来的。一个政治理论，如果要在局势紧张的时候能够站得牢，一定要顾到在明晰的思想下面存在着的冲动：它一定要向这些冲动呼吁，而且它一定要找出怎样可以使它们成为有益的而不是破坏的。

经济制度在促进或破坏生活方面有很大的影响。除了奴隶制度以外，现在的工业制度是自古以来对于生活破坏最大的一个制度。机器和大规模的生产是不能废除的，在任何可以代替我们现在生活于其中的制度的更好的制度里面，它们一定会继续存在。工业上的联合民主可能是改革所要采取的最好方向。

人生哲学，当它们广泛地受人信仰的时候，对于一个社会的生活力也有很大的影响。现在最广泛地被人所接受的人生哲学是主张：与一个人的幸福最有关系的是他的收入。这种哲学除了其他缺点不谈以外，是有害的，因为它引导人注重结果而不注重行动，只注重物质的享受（在这里面，人是没有区别的），而不注重可以体现个体个性的创造性冲动。比较精炼的哲学，像那些在高等教育里所灌输的，往往过分地注意于过去而不是将来，而且注意于正确的举止而不是有效的行动。从这样的哲学中，人们不会有精力来轻松地负担传统和永远增积的知识的重荷。

世界需要一种能促进生活的哲学或宗教。但是为了促进生活，必须看重单纯生活以外的某些事情。为生活而生活的是动物，没有一点真正人的价值，不能保持人永久不厌倦和感觉到一切都是虚空。如果要使生活成为完全是人的生活，它必须为某种目标服务，这种目标在某种意义上似乎是在人的生活以外的，就是某种目标，它是非个人的和超出于人类的，有如上帝或真理或美。凡是最善于促进生活的人，就不以生活为他们的目标。他们的目标宁可是好像逐渐实现理想的东西，把一些不朽的东西投入到我们人类的生存里去，这一些东西似乎在想象上使人觉得生活在一个天堂里，跟斗争和失败以及时代的贪婪嘴脸相距很远。与这一个不朽的世界的接触——即使这仅是我们想象中的一个世界——能带来力量和根本的安宁，这些东西是不能完全被我们暂时生活中的斗争和显然的失败所消灭的。这一种对于不朽事物的幸福的默想，就是斯宾诺莎所称的对于上帝的理智的爱。对于那些一旦能够懂得它的人，这就是智慧的锁钥。

至于实际上我们应该做些什么，那是各人不同的，要根据我们的才能和机会来决定。但是我们的内心里如果有了精神生活，那么什么是我们必须做的，什么是我们必须避免的，就会一清二楚。

凭着同不朽的东西相接触，凭着我们献身于把一些神圣的东西带到这个烦恼的世界里来，我们甚至于现在就可以使我们的生活成为创造性的，即使在暴虐、斗争和仇恨的四面包围之中也可以做到。在一个以占有为基础的社会里，要使个人的生活成为创造性的，比在将来人力可能建立起来的社会里困难得多。凡是要开始从事于世界革新的人，必然会面对寂寞、反对、贫穷和辱骂。他们一定要能够循着真理来过生活，具有一种合理的和不可战胜的希望；他们一定要诚实而聪明，无所畏惧，而且受一个贯彻始终的目标的指导。受到这种鼓舞的一群男女们是会战胜一切——首先战胜他们个人生活的困难和迷惑，然后，及时地，虽然恐怕会在一个长时间里，战胜外部的世界。智慧和希望是世界所需要的东西；虽然这个世界是在跟它们作斗争，到后来终究会尊重他们。

当哥特人劫掠罗马的时候，圣奥古斯丁写了《上帝之城》一书，用一种精神上的希望来填补已被毁灭的物质现实。在这以后的许多世纪中，当罗马已经沦为茅屋的村落的时候，圣奥古斯丁的希望还是活着并且发出生命来。我们也必须创造一个新的希望，用我们的思想来建立起一个比那个正在自投灭亡的更好的世界。因为时机不好，所以对于我们的要求要比平常的时候为多。只有思想上和精神上的热火朝天，才能挽救我们的后代不至于像我们所知道和爱的那一代一样遭遇到死亡。

我感到幸运，能够作为一个教师和许多不同国家的青年们接触——在青年们里面希望正在活着，创造的精力正存在着，本来他们所赖以生活的想象中的美至少有某些部分可以在这世界上得到实现。他们已经被卷入战争之中，有些在这一边，有些在那一边。有些还正在作战，有些已成为终身残废，有些已经死了；在留下来的那些人中间，恐怕有许多要失去精神的生活，他们的希望会死去，他们的精力会用掉，而他们的余年只不过是走向坟墓的一段厌倦的旅程。在这一切悲剧之中，有不在少数的教导者似乎是没有感觉的：他们用无情的逻辑来证明这些青年已经不可避免地为了某些冷酷而抽象的目标牺牲了；他们自己无动于衷，他们受了一些暂时的感觉的袭击之后，又迅速地时过境迁安然如故了。在这样的人里面，精神生活已经死了。如果它是活着的话，它会跑出去，用一种好像父母之爱一样热烈的爱，迎接青年的精神。它会不知道自我的界线，把青年们的悲剧看作就是它自己的悲剧。有一些东西会喊出来："不，这是不对的；这是不好的，这不是一个神圣的目的，在这里面，青年的聪明受到损害和蔽塞。这就是我们这辈年长的人犯的罪；我们把这些青年送到战场上去是为了我们的罪

恶的热情，我们的精神上的死亡，我们不能从温暖的
心肠和精神的活的幻象之中度我们豁达大度的生活。
让我们从这死亡中走出来，因为已死的是我们，而不
是那些由于我们的生活上的恐惧而死去的青年。他们
的冤魂还比我们多些生气：他们将永远讥讽我们，使
我们千秋万代受到耻辱。从他们的幽灵之中，一定会
发出生命来，而他们必须给以生气的正是我们。"

图书在版编目(CIP)数据

社会改造原理/(英)伯特兰·罗素
(Bertrand Russell)著;张师竹译.—上海:上海人
民出版社,2021
书名原文:Principles of Social Reconstruction
ISBN 978-7-208-17241-8

Ⅰ.①社… Ⅱ.①伯… ②张… Ⅲ.①社会学 Ⅳ.
①C91

中国版本图书馆 CIP 数据核字(2021)第 142682 号

责任编辑 吴书勇
封面设计 零创意文化

社会改造原理

[英]伯特兰·罗素 著

张师竹 译

出 版	上海人民出版社	
	(200001 上海福建中路 193 号)	
发 行	上海人民出版社发行中心	
印 刷	常熟市新骅印刷有限公司	
开 本	787×1092 1/32	
印 张	8.25	
插 页	5	
字 数	109,000	
版 次	2021 年 8 月第 1 版	
印 次	2021 年 8 月第 1 次印刷	
ISBN 978-7-208-17241-8/B·1569		
定 价	55.00 元